教养在生活的细节里

写给孩子的
工作日记

蔡颖卿 翁乐旂 著

北京时代华文书局

图书在版编目（CIP）数据

教养在生活的细节里：写给孩子的工作日记 / 蔡颖卿，翁乐旂著. -- 北京：北京时代华文书局，2018.2（2021.5重印）
ISBN 978-7-5699-2048-2

Ⅰ. ①教… Ⅱ. ①蔡… ②翁… Ⅲ. ①家庭教育 Ⅳ. ①G78

中国版本图书馆CIP数据核字（2017）第314956号

北京市版权局著作权合同登记号 图字：01-2017-7654
© 蔡颖卿
原著作名：《写给孩子的工作日记》 原出版社：时报文化出版公司
中文简体版透过成都天鸢文化传播有限公司代理，经由时报文化出版公司独家授权，限在大陆地区发行。
非经书面同意，不得以任何形式任意复制、转载。

教养在生活的细节里：写给孩子的工作日记
JIAOYANG ZAI SHENGHUO DE XIJIE LI:XIE GEI HAIZI DE GONGZUO RIJI

著　　者｜蔡颖卿　翁乐旂

出 版 人｜陈　涛
选题策划｜陈丽杰
责任编辑｜陈丽杰
装帧设计｜孙丽莉
责任印制｜刘　银　范玉洁
团购电话｜010-64269013

出版发行｜北京时代华文书局 http://www.BJSDSJ.com.cn
　　　　　北京市东城区安定门外大街138号皇城国际大厦A座8楼
　　　　　邮编：100011 电话：010-64267955　64267677

印　　刷｜北京凯德印刷有限责任公司　　电话：010-87743828
　　　　　（如发现印装质量问题，请与印刷厂联系调换）

开　　本｜880mm×1230mm　1/32　印 张｜8　字 数｜190千字
版　　次｜2018年3月第1版　　　　　印 次｜2021年5月第5次印刷
书　　号｜ISBN 978-7-5699-2048-2
定　　价｜42.00元

版权所有，侵权必究

一個人的工作價值觀,決定了他自己的快樂与幸福;
而他的工作態度與技術,決定了他人的生活品質與安全.
讓我們 以工作為樂,
　　　　從工作中學得感謝.
　　　　並以工作造福他人..

　　　　　　　　　　　　　　　蔡穎卿 2018.1月24日.

目录

- 001　**推荐序**　把教养放在生活的第一顺位
- 004　**自　序**　好好生活，好好工作是生命热情

扎下责任的深根——和孩子们谈工作

- 008　**整天做梦，整天工作**
- 010　改　变
- 012　爱自己的工作
- 014　香水生活观
- 019　培养自己的行星性格
- 021　隔代同声谈工作
- 024　Pose
- 027　开始难，结束更难
- 029　一张请款单
- 034　人生的计算
- 036　人生中的利与益
- 039　让信心在实作中奠基
- 042　先分配时间，再安排工作
- 045　了解工作的优先级——给庭宜的一封信
- 048　要快就要慢
- 050　把眼光停在最后一瞥
- 053　等孩子一下

055	做与错
057	重创五分钟的价值
060	学习是失败重来的经验
062	学会与做完
064	决 定
067	工作服的意义
070	下班了就要走
074	领头的人
076	工作中用对的、好的语言沟通
080	符合别人的期望
082	在工作中当别人的好朋友
086	抗 拒
088	让歧见停在最好的点上

展开独立的翅膀——Abby的工作日记

094	**独立的开始**
098	The Flight out of San Francisco ／在混乱里找回重点
106	Sad Cookies ／伤心饼干
113	Interruption ／与限制好好共处
122	Magic Demystified ／解开时间的魔法
127	Agenda ／领导者的挑战
138	Differently ／尝试另一种不同
147	The Luck of Dedication ／努力的运气
158	Thirty Minutes to an Hour a Day ／每天三十分钟至一小时
165	Lunching with Ben ／驾驶自己的小船
174	What You Said You Would Do ／你说过你要做的一切

掌稳梦想的方向——写给年轻工作者

- 182 **守护年轻的资产**
- 184 生活、工作与价值
- 187 跟你的工作谈恋爱
- 190 珍惜生活经验
- 193 以行动演出努力
- 195 在人生的旅途上，不要分心
- 198 工作的三个条件——情绪、智力、体力
- 201 自信与能力
- 204 你没有看过她在厨房里的样子
- 206 挑　剔
- 208 挣　扎
- 211 老板情怀的自我训练
- 214 掌稳自己的方向
- 216 等　待
- 219 梦的尺寸
- 222 永远让人开心的工作好助手
- 228 温柔态度包覆下的生活毅力
- 233 把距离当成旅程的逐梦者
- 238 魄力是果决与坚持的结合
- 243 选择生命中真正的想要

- 249 **后　记** 与工作建立美好的关系

推荐序

把教养放在生活的第一顺位

天下没有不可教的孩子，只要有耐心和信心，
把教养孩子放在生活的第一顺位，随时把握机会教导他，
他自然会看到学习和工作的意义，就会自动自发去做了。

"中央大学"认知神经科学研究所所长 洪兰

我觉得自己比别人幸福的地方，是常有机会比别人更早看到未上市的好书。出版社有时会寄书稿来请我推荐或审订，使我有机会先睹为快。我因平时很忙，可以看稿的时间通常是夜深人静之后，如果一看就睡着，那么这本书我就不推荐；如果是越看越有趣，连觉都忘了睡，那么这本书就值得推荐。蔡颖卿的第一本书《妈妈是最初的老师》，我就是一口气看到完，爬起来开两个闹钟，因为怕一个闹不醒，误了明天上班。那本书出版后果然热卖，让我很高兴，颇有"英雄所见略同"的感觉，同时，好东西跟朋友分享时，也是很愉快的。

看蔡颖卿的书是一大享受，我常舍不得一次读完，好像精致的食物不可以一次吃完，要留着慢慢地吃、细细地享受。她的人也如其文，温文儒雅，非常有气质。我常想，如果天下妈妈都能像她一样，我们做老师的就不会被学生气到发出"家有隔宿粮，不做猢狲王"的感叹了。

她在这本书中教父母如何一点一滴地导正孩子的观念，全书没有惊涛骇浪、危言耸听的句子，但是它就像潺潺的溪水，静静从你身边流过，滋润你的心田，让你茁长。

例如她在自序中说："说别人的故事，教自己的孩子。"这不就是我母

亲教育我们的方法吗？小孩子不爱听大道理，我父亲常用文天祥、左宝贵忠义的事迹来教导我们，我们低头听训，但是人在心不在，反而是帮母亲洗菜时，她讲的别人家孩子的故事，我们最听得进去。母亲从来没有修过什么教育学分，但是她知道故事感化的力量绝对比训话的效果好。所以这本书中的小故事都是教育孩子的好材料。

又如："在工作中，要当别人的好朋友，不要带着抱怨与不满上工，因为这会影响工作的效果，也不要变成别人倾吐抱怨的对象。"这话非常地正确，英文有一句话说："不要咬喂你的那一只手。"（Don't bite a hand that feeds you.）在职场伦理上，是不可以一边拿老板的薪水，一边骂老板的。尤其人真的会让批评变成不自觉的言语习惯，我父亲就不许我们抱怨，他会问："你有没有先检讨你自己？"他常用福建话说："漏气不会死，没气才会死。"（在本书中看到吴作栋总理也讲这句话时，觉得好亲切，因为父亲生在新加坡，这句话是当地华人常说的话。）被人批评时不可以先抱怨，要先检讨自己，人的资源有限，如果把时间和精力花去抱怨了，就不会找到改进的方法。

同时，附和别人会使那个人更觉得他的抱怨有理，就会越说越大声，最后变成理直气壮、积非成是。所以父亲说："在别人抱怨时不可以附和，因为那是火上加油。我们家的孩子不许做这种事，等他讲完后，指出另一种思考的方式，用理性去灭火。"

此外，书中"香水"的故事也很得我心。现在不知有多少人需要这个故事来提醒自己，不要把别人替你做的事当作理所当然（take for granted）。人的大脑对熟悉的讯息便不再处理，以节省资源，所以会有"入鲍鱼之肆，久闻而不知其臭"的现象。的确，"最先吸引你的香水在你跟她在一起久后就消失，如果你离开一会儿再回来，那股香味就和原先的一样强烈"，这是之所以婚姻会有"七年之痒"的原因。香水闻久了就不香了,反而是别人身上不曾闻过的变得有吸引力了;人在一起久了就忘记对方的好处,常常要等到失去了才会想起。有多少人在拥有时,能够有蔡颖卿的智慧,懂得珍惜当下呢?

另外,颖卿用行星的自转和公转来形容职场的生态,我也觉得非常贴切。理想教育培养出来的学生应该是一颗行星,能自转也能公转;这个必要条件是热情,老师必须有教书的热情,学生必须有学习的热情,教学才会成功,这样的热情也是敬业背后的推力。我小时候必须帮忙做家事,我母亲最不喜欢叫一下、动一下的人(即颖卿所谓"拖着走"的人),所以她在叫我们做事之前,会先让我们看到做这件事的意义,例如忘记喂鸡,鸡会饿死或是养得很瘦,下的蛋很少,卖不出去,学费就会无着落。当她让我们看见工作的意义,我们就会自动自发去做了。

天下道理是相通的,任何事要成功都必须先引发动机,先让孩子看到学习的意义,而意义会产生动机,动机就会使他自转和公转。所以她说:"人生的意义不在做你喜欢的事,而是喜欢你所不得不做的事。"我出国时,父亲告诉我:"做你喜欢的事,喜欢你所做的事,人不怕天资愚笨,态度才是成功的第一要件。"一个能自动自发的孩子一定会成功的。

希望这本书能让很多父母知道:天下没有不可教的孩子,只要有耐心和信心,把教养孩子放在生活的第一顺位,随时把握机会教导他,他自然会成长得像颖卿两个女儿那样既懂事又乖巧,自己会上进,不需要父母操心的国家栋梁了。

自序

好好生活，好好工作是生命热情

持续培养孩子的工作能力与工作习惯，是多么重要的长程目标。

蔡颖卿

女儿Abby满二十一岁了，虽然从十八岁起已经自己在美国度过三整年的求学生活，但在妈妈的心里，牵挂是永远不曾放下或剪断过的心情。无论在远距的电话交谈、信件往返或她回家度假的日夜相守中，我们比以前更常谈到工作，并交换彼此的心得。

从她与妹妹小的时候开始，我就不曾把"读书"当成一种特别的活动。它总是被我统称为"工作"。我把做功课的方法与工作习惯相提并论；把整理一个脏乱的厨房用来比喻厘清一门功课困境的要领，希望她们能举一反三，不要当成绩顶呱呱的书呆子。

我常常想起自己当父母的职责，不只是要让她们吃饱穿暖、精神愉快，远处还有一个真正的目标，才是催促我不懈努力的理由——

母亲不是让你倚赖的人，而是使你无须倚赖的人。

A mother is not a person to lean on,

but a person to make leaning unnecessary.

这句话让我看到，持续培养她们拥有好的工作能力与工作习惯，是多么重要的长程目标！所以，我每在自己的工作中有反省或遇到特别的心情时，就与她们分享。不只在餐桌或闲谈中讨论，也用笔记下当中的省思。

Abby去美国上宾大的三年里，一直是一边读书、一边打工的。第二年起，工作加为两份。她的生活就像早期的台湾留学生，除了课业之外，同时要扛起生活的担子。

有一阵子，我看她工作非常忙碌，忍不住担心起她到底有没有时间好好读书。我在电话中开玩笑地问起："你不会被当掉吧？"她在电话那头调皮地笑着回答我："妈咪！我离被当掉还有点远。"我不知道什么样的语言适合用来叮咛一个大三的孩子，所以还是把从小教导她的那句老话搬出来用："不要忘了你当学生的责任喔！"

过了两个月，大三下学期结束了一段时间，我在台南家收到院长寄来的信，她仍列名在荣誉学生的名单中。那短短的信，给我正处十分忙碌的日子里，捎来了一些慰藉与鼓励。

虽然成绩只是一个象征，但我却在孩子尽心兼顾的努力中看到了从小为她撒下的责任种子确实破土发芽了。这些种子使她们懂得做好该做的事，在放手单飞的远行之后，往生活里扎根。那些自小分享的工作心得，也开始在她独立生活之后有了回馈。

现在，不只是我写工作日记给她们，有更多的时候，是她写下她的工作日记与我分享。书中第二部分的十个篇章，就是Abby陆续写下的工作心得。这些文章并非家书，我读后也不是以回信的方式记下自己的回馈。教养是一场爱的检视，我就在字里行间逐一自问：我的教导是否配得上心中自以为已经满怀的爱。

我之所以习惯留下这些记录，主要的原因是，在分享或指正孩子的当刻，他们未必立即就认同。在教养的过程中，我从不想要强行灌输任何价值观给孩子，等待是绝对必要也非常奇妙的磨合。当她们还没有全然体会、从心底呼应这些感受之前，我但愿自己不是说说就算，任由这些分享随风而过，我想要更仔细检视自己所投递的教养讯息。所以无论时间如何紧迫、或简或详，总会做点记录，这就是这本书第一部分的内容。

Abby与Pony渐渐长大了，在Pony也上大学之后，我进入了一个全新的教养阶段，只能远距地关心着她们的成长。两个孩子都离家远行，我的叮咛与牵挂更要托付给科技的传声与文字的递送。

每当我看到自己的生活中出现了一个勤奋用心的孩子，脑中就自然而然地想起离家在外的她们。我想把这些年轻人的故事说给两个女儿听；想要透过更深入的交谈来分享这些年轻人面对自己、在生活里成长的故事。

所以，我去采访几位年轻朋友，希望自己能写出他们的故事与想法，并探讨出这些孩子在成长的过程中与家庭或社会教养联结的轨迹。有许多人觉得我对年轻人特别有耐心、特别不忍他们犯错，我想这的确是爱屋及乌的心情。

自己的孩子在世界的某处正受着不相识的人的教导与爱护，每思及此，我对其他年轻人的温柔爱护之情便油然而生。多么希望自己曾经看过、经历过或领悟过的现实与想法，或多或少能分享于他们；多么希望关于好好生活、好好工作这热情的人生恋爱，我可以献上一份属于自己的身教。这就是这本书的第三个部分。

成长独立是一条长远的路，当我们把孩子送去受教育的那一刻起，期待的就是他们有足够的能力迎接自己的生活。然而，这个信念却常常在受教育的途中迷失了方向，我们或以为知识的灌输一定可以转化为日后的能力，因此开始寻找快捷方式与偏方，白白浪费掉生活中的许多教材。

我想给孩子一些礼物，一些自己给得起，而她们一生可以受用的礼物。这些工作的分享与讨论，就是我的礼物。

扎下责任的深根——和孩子们谈工作

父母都希望孩子不要依赖，

却常会忘记独立代表的是完整的经验，

这种经验，我们可以从生活中找到不断练习的机会。

为了使孩子早早建立一种健康、坚强的工作性格，

我从小就跟她们谈工作；

我期待教养是培育的工作，而非日后导正的功课。

整天做梦，整天工作

我跟孩子说，梦是织出来的，要在时间里握紧梦想的每一条丝线。我也说：梦是一种抵达，路得一步步踏实地走。那丝线、那步伐，可以在用心勤奋的工作里找到织机与地图。

美国有位白手起家的企业家很喜欢分享他父亲过世前给他的忠告。在临终的床边，那位父亲说："有的人整天工作，有的人整天做梦；另外还有一种人，他们每做一个小时的梦之后，就赶紧努力去工作，好实现自己所做的梦。"他交代心爱的儿子："你一定要做第三种人，因为那里几乎没有竞争。"

"那里几乎没有竞争。"多么令人向往的一个地方，但是，在梦里工作、在工作里筑梦都是不容易的事。我们或许会忘记该从梦里醒来的时候，也或许只顾埋头苦干，遗忘自己曾有一张梦的蓝图，或在忙碌的日子里不再收藏每一块可以用来筑梦的希望砖瓦。

孩子的梦在大人的眼中常常是可笑的，幸运的是，我的父母跟我一样珍惜梦想。回想起来，我的确是一直朝着童年的梦在努力的。记得小时候母亲常带着我翻看她的日文杂志，她对我的陪读并不是讲适合小小孩的童书，而是用我所能懂的语言，分享她自己喜欢的事物与阅读所得。那些照片好美，我也常常看到一个汉字的名词叫——"料理研究家"。母亲告诉我说："料理研究家就是专门研究料理的人。"虽然，当时我只是个小学生，但望着那些充满巧思、精美呈现的食物时，我心里想着："有一天我也要成为一个料理研究家。"

虽然日后我也走着多数人走的路，升高中、上大学，但这个梦从来没有被遗忘过。只要生活里有任何机会，我就紧紧掌握、好好学习，我也从不停止阅读相关的书籍；我知道，要完成一个梦，不可能不需要专业的能力。

二十五年后，在一次大学同学会里，我听到一个老同学这样说我："看到Bubu，我想到她真的是一路走来非常坚持。记得在学校那几年，放寒暑假回家彼此通信时，她总是会提起，今天又做了哪些烘焙、煮了些什么。"

以我自己美好的经验来说，一个人敢不敢做梦、能不能好好在梦里努力，常常是因为得到他人的鼓励与祝福。所以，我更加同意那位父亲的叮咛，也更懂得如何鼓励孩子，要她们用好好工作来实现自己的梦想。

二十年前，当我因为那么喜欢烹饪而决定开始经营餐厅的时候，爸爸不但没有反对，还很肯定我的想法。他说："想要把东西做得很好给别人吃，是一件很有意义的事。"他没有替我担心工作辛不辛苦、钱赚得多不多，他更关心的是，我的工作与梦想要如何联结。我也不替我的孩子担心成长的艰难。从自己的经验中，我深知有梦支持的辛苦，味道不一样；虽然它不会因此而使负担变轻，但人因为有梦而增加承担的勇气。

我很爱做梦，从来没有停止过；但是，我也从来没有停止过好好工作，为完成自己的美梦而努力实作。

我跟孩子说，梦是织出来的，要在时间里握紧梦想的每一条丝线。

我也说：梦是一种抵达，路得一步步踏实地走。

那丝线、那步伐，可以在用心勤奋的工作里找到织机与地图。

第一部分的文章是多年来自己从工作的织梦中渐渐得到的各种领悟。为了使孩子早早建立一种健康、坚强的工作性格，我从小就跟她们谈工作；我期待教养是培育的工作，而非日后导正的功课。

改　变

"喜欢"是可以透过行动来培养的一种心态。
在工作中，我用专心来解决自己的害怕，用行动来克服讨厌的心情。
我知道，如果我不喜欢的事越少，我的自由与快乐就会更多。

做每一件事都觉得喜欢？我认为不大可能，不过，如果人生真能达到这种心境，一定非常快乐。

是哪位哲学家说过这样的一句话："人生的快乐不在于做你喜欢做的事，而在于喜欢你不得不做的事。"我非常同意也非常向往这个境界。不得不做的事，应该是自己的义务或工作途中所遇到的困难，如果能喜欢，快乐想必会随之而至。

不过，我发现"喜欢"是可以透过行动来培养的一种心态。"喜欢"很复杂，并不是一种单纯的情绪，应该也不是一路走来，始终如一的感受。我从工作中体验到，如果下定决心去做一件我自认为讨厌的工作，跟自己打赌我可以完成，而且无论如何都要完成；通常等到做完了再回头思考自己的感受时，十有八九，我可以找到一点不同的心情。其实，光是征服自己的讨厌，就让人够有成就感了。

再喜欢的工作，也会有一些不喜欢的项目，但我希望改变自己看待事物的眼光，所以我用"做"来改变不喜欢的感觉。在工作中，我用专心来解决自己的害怕，用行动来克服讨厌的心情。我知道，如果我不喜欢的事越少，我的自由与快乐就会更多。

有一位工读生问我："Bubu姐，你是怎么引导Abby跟Pony选择未来的道路呢？"当时这个孩子就要离开大学，我知道她一定需要许多的分享与忠告。我告诉她，虽然很多人都说，人只有在选择自己喜欢的路之后，才能把事情做好；但是，他们并没有说，选择喜欢的事并不代表在当中永远都能得心应手，如果半途遇到困难，也不代表是自己选错了路。

"喜欢"与"轻易做好"有时在我们心中会产生必然的联结，所以，如果在一条路上走得不够顺利的时候，人往往会怀疑是自己没有找到真正喜欢的路。有些人因此而不停地转换跑道，永远在寻找工作中所谓的真爱。

喜欢与做得好，当然有一些能力与情绪上的互推关连，但是，喜欢不光是一种直觉。我提醒这位大学生，不要对自己的选择做轻率的判断，喜欢的事做起来也并非样样好玩。更何况连"喜欢吃什么"，都可以透过引导来改变，我们面对人生与工作的种种复杂状况时，更要有耐心。

有一天Pony从罗得岛跟我用Skype谈功课时说："妈妈，每个人都把'喜欢'说得那么的轻松容易、理所当然。其实，一件我们喜欢的事很可能有百分之八十都是非常单调无趣的；问题是，如果不好好做完那百分之八十，就没有办法领会其中百分之二十真正的有趣。"

人生立志难，要勤勤恳恳地耕耘日子更难，如果还有许多不爱、不喜欢，那自己所加上的辛苦绝不会少。我希望孩子能从小建立积极的想法，希望她们了解，行动可以改变观点，喜欢是可以培养的感觉。所以，我常常以自己为例，跟她们分享：要手握"改变"的主权，不要当自己的敌人。

爱自己的工作

要拥有什么样的信念,才能把自己并不喜欢的工作,做到让别人为了她全心全意的投入而感动?

我想,我一定是因为母亲如此爱工作,而发现了人与工作可以有单纯的爱。

孩子们问我:"什么样的人是你心目中的理想员工?"

我告诉她们,我不是要找一个喜欢我的工作环境或是喜欢我的人来当工作伙伴;我想要找一个与自己的工作有单纯爱悦关系的人,因为这样的人不论到哪里、做什么,都会努力去喜欢自己的工作。

记得有一天,八十岁的母亲感触良深地跟我说:"看到你和你哥哥,我很安慰,你们真的是乐在工作的人。"我说:"妈妈也是啊!"她想了想,回答道:"有一点不太一样,你们做的都是自己很喜欢的工作,而我不是。我只是觉得自己非要把工作做好,但办厂并不是我喜欢的工作。"

母亲的话使我跌落在一段深刻的思考里。过去,我一直因为她那么认真地经营着家里的工厂而以为她喜欢那份工作,直到此刻,我才了解她心里的感受。我不禁想,一个人必须拥有什么样的信念,才能把自己并不喜欢的工作,做到让别人为了她全心全意的投入而感动?

"不喜欢"是我们面对人生问题时常用的一项理由:因为不喜欢,所以做不好;因为不喜欢,所以无法克服其中的挣扎与困难。

我觉得自己好幸运,如果小的时候,妈妈曾经对我说起她不喜欢自己的工作,我不知道如今的我,对凡事应该尽心尽力的认知,会不会有所不同?也许,就算我的脚步确实踏在自己真正喜欢的路上,也无法感受到人与工作之间可以有一种单纯的爱。

多年来,我做了许许多多不同的工作,有时紧迫无比地同时穿插在生活中,有时得以调配得比较理想宽舒。无论紧或松,在一天的开始,只要我想到自己有那么多的工作可以做、应该做,心里总有一份踏实的感觉。我知道自己努力的一天,一定会完成些什么、创造些什么或改变些什么;在付出的同时,也一定会得到快乐的酬劳。那不就是母亲给我的感觉吗?

虽然,妈妈应该没有读过托尔斯泰在一百多年前写过、关于"工作"的那段话,但很久以前,当我读到这些句子的时候,母亲似乎已经以身教为我诠释过其中的精义了——

一个人如果知道怎样去工作和怎样去爱,
知道怎样为自己所爱的人工作和爱自己的工作,
那么他就可以享受到丰盛的人生。

香水生活观

任何人都会对自己的生活与工作日久生厌，
所以，在可能的条件里运用自己的感官做调节，
可以帮助生活的香味得以持续，至少，帮助我们维持好的味觉来品味生活。

星期日早上，Pony用Skype联络的时候，我们一家三代正围坐在圆桌前吃早餐。一听到她的声音，大家都顾不得咖啡只喝了一半，全冲到书房去，围着计算机你一言我一语地抢着说话。

安排爸妈坐下之间，Pony从罗得岛传来有着秒差的声音说："我今天早上切了两大箱夏南瓜，现在手都起水泡了。"话一说完，"好可怜""你还好吗"之类的心疼问候，七嘴八舌从计算机这头回传了过去。不过，谈话告一个段落之后，大家得出一个结论："这样也蛮好的！"

我们所谓的"蛮好"，指的当然不是"手起水泡"这件事，而是她的学校生活因为有了工作所带来的不同情境与获得。

Pony加入建筑系之后功课非常重，她在一封家书中跟我们分享对于这种生活的感想："学校今天开始上课了，忽然间大家都各自展开不同的生活。大一时我们的课表都一样，即使教授不同，但学习的内容大致相同。现在，大家一早就冲往不一样的地方，我难得能见到熟悉的朋友，有些时候，连自己的室友都要等到夜深了才有机会重聚。不过很好的是，这也代表我们不停在接触自己熟悉范围之外的世界。比方说，今天的建筑课里有一半的学生和我一样是第一年加入的，另一半则是研究生，我喜欢这样的组合，我因此能跟已经有许多工作经验和拥有专业的人共同学习。"

一个星期中有四天,她的课从早上九点上到下午六点,晚上常常要留在工作室跟班上同学一起做功课到深夜。虽然如此,假日的两个早上,她还是去学校一个漂亮的咖啡厅打工。"我需要调剂一下整天读书的生活。"她这样告诉我们,而且宣告不做外场的服务,直接申请到厨房工作。

虽然用功读书、努力求知是上学最重要的目标,但对于一个大学生利用某些课余的时间打工,我倒是完全持正面的想法。如果一个星期有一两段时间,能暂时离开日日相处的课业,完全沉浸在另一种工作活动中,是非常好的生活调剂与心灵休息。

以Pony来说,去厨房工作时肢体虽然并没有得到休息,但是如果对照她整天坐在课堂或工作室里的心智活动,在厨房里挥刀切两大箱夏南瓜,反而有机会稍事运动与休养心灵。忙碌厨房里快节奏的活动,会使人强烈感受到日常的活力,就我自己所熟悉的经验来说,这对创意与启发有很大的功用。也许,就在Pony切着两箱夏南瓜的同时,她就灵光一闪想通了原本坐在书桌前苦思不着的课业问题呢!

我常常跟孩子说起自己对生活与工作的想法。为什么我一直能同时做许多事却不觉得累?为什么我很享受蜡烛两头烧的母亲生活?因为我习惯用不同的活动来维持生活感受的敏感度。

记得很久以前有位记者写过,当他埋头苦写一篇报道,越写越糟的时候,他的总编辑给了他一个建议,要他"暂时丢开,去做其他事"。总编辑以女孩子的香水为例解释给他听:"那最先吸引你的香水,等你一直跟她在一起之后似乎味道就消失了。可是如果你离开一会儿再回到她身边,那股香味好像就和原先一样强烈。"

当我读到这个观察与说法的时候,不但觉得有趣而且完全赞同。任何人都会对自己的生活与工作日久生厌,即使不是厌倦也会有平淡无味之感;所以,在可能的条件里运用自己的感官做调节,可以帮助生活的香味得以持续,至少,帮助我们维持一种好的味觉来品味生活。

不是只有娱乐才可以调剂生活,有些性质差异很大的工作也可以。就像Abby每个星期会从自己的语言顾问与教学工作中,抽出一整个早上来厨房与我工作;就像Pony走出书堆里去餐厅打工;就像我同时做几份工作。我们都因此有了重闻生活香味的能力,更因此而学到不同的技能。即使是只做一份工作的人,如果能把职务上的工作与生活中的工作视为彼此的调节,那些下班之后待做的生活杂事,就不再是单调无味的负担了。

◆ 补记 ◆

重闻生活的芳香

上星期六是Yuki第三个月的义工当班,虽然从台中远道而来,但她似乎还没有计划对我打出那四击声的退堂之鼓。

我坚持十二个小时的义工实作计划,虽然让许多人闻之脚软,不过,持续上工的几位义工妈妈,也真是坚持得让我佩服。目前我们的义工队伍中,年纪最大的是我的表嫂,望六十不远。表嫂因为长期登山,体力奇佳,虽然我们很想给她一些"优待",她却一样做足十二个小时不肯休息,而且一路精神振奋,热情得像个孩子。

另一位害羞的义工茵茵更有意思,当班前一晚就从台南搭车来台北,借居在姑姑家,隔天怕无法掌握到达三峡的时间,早早就来了。她安安静静、全神贯注地工作,连晚上要先回台北拿行李再赶车回台南,都不敢跟我说。她回去之后,我担心她娇娇弱弱、整天坐办公室的身体不胜负荷,心想如果茵茵后悔了,或许也不敢明讲吧,所以打电话去跟她确认。

电话中,茵茵说,当她知道是我打来的时候,以为自己被"开除"了。我听了忍不住笑,只问她:真的受得了吗?茵茵说,回家后脚的确酸痛了好几天,但还是要来的。我听了又笑,脑中闪

◆补记◆

过她一言不发站在我对面专心工作的模样,做前菜、学配盘,一有空就去清理洗碗槽。不知她远在台南的先生可曾想过,原来妻子搭高铁来三峡是这样被我"虐待"的?

我的大姑雅妙也是元老义工。大姐总是早早就到,第一次还要姐夫陪,第二次就独自驱车直达。大姐工作了一天,离开时我跟她说:"辛苦了!"她笑着说:"不会啊!过了很充实的一天。"

相信当这些义工回家的时候,一定会因为过度疲倦而体会到自己平常的日子有多安适;离开一下,才能重闻到自己生活原有的芳香。

培养自己的行星性格

> 有一种人是跟行星一样的,除了公转也不停地自转,
> 他们与工作的联结愉快而紧密,时时关心着工作目标,
> 也能感受到自己的尽力对整体的贡献。

当我用自转和公转来比喻工作性格的时候,大家都笑了,不知道我这天马行空的脑袋里又在想什么。但是,有一次晚餐桌上,当我解释这个想法给Abby和Pony听的时候,她们却觉得这个说法不只有趣,也有同感。

公转是一件物体以另一件物体为中心所做的循环运动。在工作中,就好比时间一到,具体的活动开始了,我们可以意识到大家都有所行动,共同的目标与时间表是吸引我们公转的物体。在公转轨道上的星球虽然都在移动,但有些星球却不自转。这就像我们看到职场所有的人员都在忙,但此时却无法分辨:哪些人是因为被"拖着走"而移动,哪些人的动是因为自主的工作热情。

虽然星球的公转是不会突然停止的,但是当尖峰时间过了,人的工作却有间歇。这时候,我们就可以看到每一位工作者非常不同的运作性格。

当轨道上的运转停止的时候,有些工作者会跟着完全静止下来,不再思考工作的需要或做任何的准备,只等着下一轮运转再度启动之后继续被"拖着走"。他们比较像月亮这样的卫星,只公转不自转。

但是,有另一种人是跟行星一样的,除了公转也不停地自转,他们与工作的联结愉快而紧密,时时关心着工作目标,也能感受到自己的尽力对整体的贡献。

有些人曾问过我，什么样的条件才适合创业，是资金的问题吗？还是有其他更具体的条件？多年来，我一直无法清楚地描述自己感想的总结，直到我想到以星体的运行作为比喻。

记得很久以前，有位很想创业的朋友来跟我请教，虽然我们只一起工作了几天，但我很快就劝她打消创业的念头，原因是，她只公转不自转。

每当工作节奏和缓下来的时候，她的思虑与行动便完全停止，自己无法、也无心为下一步工作做任何准备，得等到他人提醒或气氛到达，才又开始动起来。我认为，在培养好自己的行星性格之前，她不应该轻举妄动地展开创业的计划。

懂得自转的人，就了解如何利用时间为工作做好应有的准备，当他们在轨道上动起来的时候会更精彩愉快。所以，每当遇到胸怀大志却不知如何为理想做准备的年轻工作者时，我总是鼓励他们，好好培养自己的行星性格，在职场公转的轨道上也要学会自转的重要。

隔代同声谈工作

> 我相信每个人都会有想要偷懒一下、或时间周转不灵的时候,
> 但对于工作的认真与执著,我把它视为一种内省的功课,
> 一旦放松尺度,就会慢慢失去应有的责任心。

如果对身边的年轻工作者感到失望的时候,我并不一定会当场责备他们;不过,等我回家之后,却会把自己的感受跟孩子说,倒不是抱怨,而是希望以实例叮咛她们日后的工作概念,要她们记得不要犯下同样的错。年轻人是社会共有的可贵财产,而父母的价值观总是影响孩子最深,所以,我应该先把自己的孩子教好。

记得有一次,一个员工为了要去听演唱会而来跟我请假,她的说法是这样的:"我不管喔!我不管喔!"一连两个宣告已先造成气势,我觉得自己无论有什么想法都已矮了半截。然后她接着说:"这是很久很久以前就订好的票,不管怎样,我是一定要去的!"虽然她的态度比她的用词可爱,不过,在人力非常紧绷的假日里要临时安排接替的人手,已经让人非常头痛,我实在无心欣赏这一切。

又有一次,工作到一半的年轻员工因为跟同事闹别扭,心情不好,竟然放着工作不做就要回家。那低落的神情与请假的理由同样使我感到讶异,那一刻,我其实弄不清自己算是生气,还是沮丧。

回家后,我跟Pony讲起发生的事,我听到自己的声音里充满急切而复杂的期待:"Pony,以后你去帮别人做事,请千万、千万不要这样。"当时她回答我:"妈妈,我知道,对我们来说,工作应该是一种Commitment。"也许,当时她脑中一时找不到一个适合的中文字来形容

对工作的认识,所以就直接用英文表达了。

过一阵子,我跟母亲有机会相聚时,也谈起工作态度的问题。母亲是一位非常敬业乐业的工作者,在我的印象中,她无论做什么都非常专注、投入。当我问起她为什么总能这样,妈妈稍停了一会儿,然后很慎重地说:"我觉得好好工作是一种使命感。"

Commitment——使命感!多么不可思议,我竟然从母亲与女儿口中同时听到一模一样的说法。两个整整隔了六十年的不同生命个体,却对工作有完全一样的认知。

听完母亲与Pony口中那不约而同的"使命感"后,我想起了一段话:"高兴和答应下来是不同的。高兴做一桩事,看情形能做才做;如果是答应下来,就不能有任何的推诿说不做,只有把事情办好。"

虽然,我不知道能不能说动更多的父母,以这样的价值观来培养自己的孩子——那未来的年轻工作者;但是我期待Abby与Pony能以美好的行动来诠释对工作的体认;但愿她们能传承这个家代代以来对责任的想法,以及对尽心尽力的享受。

◆ 补记 ◆

工作是一种承诺的契约

Pony有一天在电话中跟我说,她因为功课很多,本想在星期五晚上打电话去请打工的假,这样周末两天就可以多出八个钟头来做功课。后来,她之所以没有拨出电话,是因为想到我一向以来最不喜欢的就是工读生在考试前跟我请假。在电话中,我听到Pony高高兴兴地跟我说:"我还是去工作了,而且我也还是好好把功课做完按时交出去了。"

我相信每个人都会有想要偷懒一下或时间周转不灵的时候,但对于工作的认真与执着,我把它视为一种内省的功课,一旦尺度放松,就会慢慢失去应有的责任心。可以放下责任不管的合理借口不下千百个,我还是要提醒孩子,工作是一种双方承诺的契约,也许这个社会不再用严格的标准要求大家,但我们自己要能分清楚,高兴与答应有不同的意义。

Pose

> 每一次我听到日本人用"辛苦了"来跟人打招呼时,都有一种肃然起敬的感觉。这句话里充满了一个人对专心致力于工作者的敬意。一个专心的职人岂有不辛苦的道理。也许我们的社会与真正职人精神之间的距离,是因为大家对于"辛苦"两个字的解读,还不够正面美好。

在京都街头漫游了一整个下午后,我们进了小巷里的一家乌龙面专卖店。虽然店的陈设非常简单、古意盎然,但工作者除了一位中年人之外,其余都很年轻;煮面的那一位,或许才二十出头吧!

柜台的背后堆栈着一个个透着香气的桧木箱,每个箱里疏落散放着看起来非常结实带劲的手打乌龙面。面箱对面的方形大煮锅前站着那个高挑细瘦,身穿和式厨衣、头戴船形工作帽的年轻男孩,虽然此刻正埋首工作,但刚才我们一进门时,他在齐声的招呼里曾对我们抬头一笑,所以我仍记得他那和善的表情有多稚嫩。

我们安静地享受着碗中朴实可口的美食,Abby从碗里抬头对我说:"这个世界上很少有社会像日本一样,可以用这么慎重的心情,如此欣赏只提供一种简单料理的专卖店吧!"我心有同感地说:"对啊!这或许是工作者因此能得到心灵满足的原因。"

享受过那碗汤面之后,Pony走到柜台前问道:"我可以拍你们工作中的照片吗?"那领头的中年人和善地一口答应,要Pony不用客气尽管拍。那时,年轻男孩正挥动双臂在沸腾的水里捞煮着乌龙面,当Pony的镜头定在他认真的脸上时,我突然听到他的身边响起了大家宛如合唱一般轻轻的喊叫声:"Pose, pose."

这句话在日本太常听到了，通常应声而来的就是一个笑脸与弯着手指比出的胜利字形。但那男孩好像被一个无形的罩子隔绝了，他完全不受干扰，只一心一意地继续煮着锅中的面，在Pony的镜头中留下了一个职人真正的Pose。

记得有一次和一家休闲产业的餐饮质量部经理交换意见，他问我为什么如此推崇日本帝国饭店的村上信夫先生。张经理带点不好意思地说："说真的，我觉得他的食谱似乎离现在的时尚食物有一段距离。"我说这个问题好极了！村上信夫先生如果当今还健在，已经八十几岁，我觉得他的食物是"当代的时髦"而非"现代的时髦"，这是时间的问题。

当村上信夫左右着几十年前东京的饮食风尚，他所设计的食物在当时是很时尚的。我所景仰的不只是创新食谱还创新饮食方式的村上信夫先生，对我来说，最可佩的是他制作食物的专注与爱情，以及他兢兢业业在专业上的追求。他鼓励料理人要以扎实的学习来传承、演化新技艺，是最能代表职人精神的主张。

村上信夫先生过世之后，《家庭画报》曾以"帝国饭店厨房之父"为题做了一篇专题报道，其中也留影了他的厨房笔记。六十年来在厨房里奋斗、学习、带领，村上先生对于工作的执着与认真，不知道除了"爱情"之外，还有没有更合适的形容，可以用来标志他与真正职人精神的紧密联结。

每一次我听到日本人用"辛苦了"来跟人打招呼时，都有一种肃然起敬的感觉。这句话里充满了一个人对专心致力于工作者的敬意。在台湾，我们也常常用"辛苦"两个字，但语气与神情都不同，因为不用完成式,所以就感觉不到肯定的意味。我们比较常听到的说法是:"那很辛苦呢",或"你也太辛苦了吧"!不知道为什么,听起来就是少了对辛勤工作的赞同,而多了一些让听者自觉渺小的话术。

一个专心的职人岂有不辛苦的道理。也许我们的社会与真正职人精神之间的距离,是因为大家对于"辛苦"两个字的解读,还不够正面美好。

开始难，结束更难

任何事一开始难，难在鼓起勇气、打起精神。不过我相信，
更难的是在经过了一段时间，还想以起初坚持的工作质量把事情做完，
让句点漂漂亮亮地标在完整的段落之后。

在Bitbit Café工作这一年，我常常在晚餐近尾声时或星期日的下午，想起一个适用于任何工作的提醒——开始难，结束更难。

想起这件事，是为了提醒自己不要放松，不要因为身体实在累了，终点就在不远之处，而忘了要更聚精会神地把工作做完。

任何事一开始难，难在鼓起勇气、打起精神。不过我相信，更难的是在经过了一段时间，还想以起初坚持的工作质量把事情做完，让句点漂漂亮亮地标在完整的段落之后。

开始与结束对我来说，通常都不只是一份工作或一件事情的头尾；最常引我有所意识的"开始与结束"，其实是一个很小的单位——"一天"。我该如何鼓励自己在一天中精神十足地展开工作，而后又满怀热情地结束。

任何工作持续一段时间之后，都会让人疲倦、或许也会让人厌腻；即使在一天之中，我们对工作的热情也会有高低起伏。有许多人问过我，是不是做任何事都有"乐此不疲"的感觉？关于疲倦，我很想花点时间好好跟他们说："我会、我会、我会。"但不可否认，如果真的有机会让我说，我大概说不了太久。因为我从来不觉得这个世界上有永不疲倦的心情，不同的只是，我到底会"疲倦"多久或会不会让"疲倦"变成不再继续的理由。

我每天平均工作十三个小时，在一天的终了，身体当然是疲倦的。奇妙的是，当我回到家，往自己的旧椅子上缓缓坐下时，总会看到落地台灯从不同的角度辉映着幽微温柔的光抚慰着我。就在那一刻，我为隔天所预备的勇气会油然而生。

我知道，自己之所以能继续下去，是因为我已经把今天该做的事都一件件扎实完工了。那被我自己称为"新生的勇气"，一天一股，一股也只够我一天用，因此，我必须每天用实行来换取隔天所需要的力气。

"溪流与岩石对抗，总是溪流胜——胜在持续不断，而非力取。"关于工作持续不断的热情，我懂得最多的就是以"一天天"为单位的开始与结束。相信自己如果能疲惫但愉快地结束一天的工作，明天就会有够用的勇气继续另一个开始。而那溪流的"持续不断"，或许说的就是这样的日日相连、永不停歇。

一张请款单

教育永远不能只做一半,教育也不是一种形式。
成长是扎扎实实的一步一步,
而每一步都得是你们自己踏出,才能真正被计算在成长的里程中。

Dear Abby and Pony,

今天工地的师傅送来了店里局部重修的账款明细单。单子上有一笔费用是"1350元×12天",数字的旁边写着"见习工"。妈妈看着那一万多元的工资,心里先是一阵讶异,然后,又很快地转换了心境。我觉得自己可以了解那位师傅爸爸的心情。

在局部整修这十二天中的第一天,当我看到那个高中男孩跟着他的爸爸来工作时,心里替他感到很高兴。放暑假了,一个高中生是该好好利用时间学点东西,而那个男孩能利用假期跟在父亲身边学手艺,真是非常美好亲爱的事。不管将来他是不是立志继承父业,如果孩子能透过跟随与帮忙来了解父母亲的工作,深入自己家庭生计的来源,该多么有意义。

第一天结束后,妈妈就发现那男孩言语不多,他一整天几乎都坐在一边。我替他高兴的心情开始转为阵阵疑惑。难道,我想错了吗?他并不是来打工的。

装修的工作一天分为两段,排开午休时间,上下午各四个钟头。在漫长的一天中,这个男孩除了他的父亲遇到无法一个人搬动的东西,出声叫他来帮忙之外,他从不主动协助任何工作,宁愿无聊地坐在店里的一角呆望远方出神。

五点快下工之前,他的父亲会叫他把地扫一扫,这时他就站起那不大挺立的身躯,懒洋洋地拿起扫把与畚箕,有一搭没一搭地在地上比画比画。有好几次,我很想跟他说:"小朋友!把腰挺起来吧!你长得那么好,为什么整天这样弯腰驼背呢?"

Abby、Pony,在爸爸妈妈小的时候,如果有孩子这样无精打采,街坊邻居的长辈多半会给我们一些善意的指正。但是现在,很多人相信你们这一辈的孩子变得很难缠,我们不再愿意负起教导的责任,对别人家孩子的言行,更不敢插嘴指正了。

妈妈也一样,虽然心里很想做个好大人,却始终没有开口鼓励他打起精神来。我只是非常纳闷,为什么他的父亲把他带来却不好好要求他工作?

我想,这或许就是当父母的矛盾心情。我们非常想要教育你们,却不想不停地发号施令;如果孩子能够自动自发,对父母来说不只是轻松,也是一大安慰。于是许多父母心中都有一个疑问:自动自发究竟是一种天性,还是可以教导而成?

因为是旁观者,所以我可以从别人的例子中,清楚地看到这种为人父母的软弱,也试着从别人的故事里,检讨自己对你们的期待与教育——我有没有把教育你们的工作只做一半?那清楚的一半是——知道孩子是一定要教育的;那困难的另一半是——不能彻底执行心里想要的目标。

当我跟你们说起这张账单的时候,你们同时的反应是:"爸爸会付这笔钱吗?"因为你们都看过那孩子几乎什么都不做。当妈妈说,我们还是会付钱的时候,你们不表同意地问道:"为什么?"

为什么？亲爱的孩子，妈妈多么想让你们了解，这一万多元让我学到一个好重要的教训。我因此而知道，教育永远不能只做一半，教育也不是一种形式。当我们想要透过生活帮助你们学习独立时，并不是像人家说的，安排去打打工或形式上参与社会服务活动，就可以达成目标。

成长是扎扎实实的一步一步，而每一步都得是你们自己踏出，才能真正被计算在成长的里程中。当时，妈妈有一种小小的罪恶感。我曾想过，完全没有意见地付出这笔钱，对那个孩子来说，是一种什么样的意义？他会不会就此以为，人生的确有可以白吃的午餐，而人其实是不用好好工作也可以轻易赚取酬劳的？

但是，我知道这不是我应该担心的事。我的责任是督促自己不要对你们只有担心，而没有具体的行动；我要提醒自己的是，不要在人生课题上，当只教一半的父母。

◆ 补记 ◆

让孩子有"贡献"的机会

前一阵子在演讲中,又有父母问我,该不该付钱给帮忙做家事的孩子?那位母亲说,理财专家主张这不但可以鼓舞动机,也可以教导孩子如何管理金钱,而她自己试过之后也发现,付了钱,孩子的确变得很喜欢做家事。

我一点都不怀疑金钱的效果,但鼓励与贿赂只在一线之间,我们不能要求生命还很生浅的孩子能有成熟的定力。我质疑的是,父母该不该用金钱的回报,来引导孩子与生活的习作做联结。透过金钱的鼓励而学会的生活技能,在日后失去同样的报酬时,会自然而然地转换行为的动机吗?而当父母与孩子有这种协议之前,双方是否已谈好,将在什么时候结束这样的交易?一如我的女儿听到这个想法时问我的问题:"等这些孩子上了大学得自己洗衣服的时候,谁来付钱给他们?"

如果一个孩子连生活的互助,都必须诱以金钱才能唤起动机,我想知道的是,他们的情感教育要从哪一个生活点教起?家庭是人际最温暖的单位,也是一个孩子学习爱的初始地,如果做家事非得收取酬劳,那父母也应该同时跟孩子说明自己的付出,并收取照顾养育的费用,这才算是真正的理财。否则,他们对人生成本的估算一开始就有错误——世上哪里只有收入却不用付出的糊涂

◆ 补记 ◆

账？这对孩子来说，又要如何才能算得清楚？

我觉得教育很难只做一半，如果我们想要借由一种方法取得教养的优点，就必须看清楚价值观是否贯彻，不能让矛盾同时出现在方法里。

我们被家庭养育长大，受照顾，学习独立，而后进入社会，投身工作，互助成长，这其间并不是每一件事都能有等值的金钱报酬。理财虽然是生活技能的一部分，却不是人生的唯一基础。我相信一个快乐的孩子先要有一些基本的信念：了解自己是被父母无私的爱养育而成，因而懂得关怀家人就是最重要的情感之一。

我们不必早早培养孩子对金钱的喜好，这个社会已给了他们足够的影响。在一个家庭中，爱与体贴足以成就许多结果、渡过许多困难，请不要轻易抛弃让孩子对家庭有所"贡献"的机会。

人生的计算

人生不是一次的冲刺,而是每个阶段努力的总结。
大学四年是非常珍贵、特别的学习机会,不是苦读十二年得来的犒赏。
如何看待这四年,在进大学前有好的心理建设,计算人生的方式便不一样。

Dear Abby and Pony,

今天妈妈一早就从三峡搭高铁到台中去,这是一场社团邀约的演讲。抵达台中后,到高铁站来接我的是社长的一对儿女,大哥哥在博士班研读,妹妹今年刚考上研究所。

这对兄妹气质沉稳优雅,言谈之际让人打从心里忍不住欣赏喜爱。从高铁站搭车到会场的途中,我与他们交谈愉快。虽然我们的人生经验相差了一个世代,但是谈话中的价值观却没有隔阂。这两个孩子比起同年龄的青年,外表更为清纯简朴,内心却非常成熟厚实。

我们谈起了目前大学生的生活,同感于十二年只为升学的苦读之后,父母或整个社会对大学生的关怀与督促似乎是不够的。"任你玩四年"对多数人来说成了合理的想法,所以有许多大孩子,就把最精华的四年一掷千金地浪费掉了。

当我说起这份忧虑的时候,大哥哥响应着:"对啊!像我们学校的宿舍,常常可以看到半夜没有人在睡觉,中午之前也没有人起床。但他们并不是熬夜在读书。"

对于这种不正常、错乱的作息,现在的父母或师长多半只觉得很无奈。他们说,现在的孩子谁不是这样,除了任由着他们,还有更好的办法吗?

在医学院教书的阿姨也告诉妈妈,她还曾经用手机把没有起床赴考的学生叫醒,要他赶快来考试。而平常上课,也经常有学生不只迟到,甚至还在课室外群聚悠闲地吃早餐聊天,直到高兴了再进教室听课。

听到这些故事时,妈妈心里有一个很大的疑问:"他们是如何计算自己的人生?这些损失在他们的眼中是老师的还是自己的?"

这两年,当我外出演讲,总有人会问我一个全台湾的父母都关心的问题:"你觉得台湾的教育制度有没有问题,要如何改善?"我觉得这个问题所关心的格局,已经透露出我们对教育价值的偏差思考。大家还是看到"制度"上的优劣问题多,关心"内容"的深浅少。于是当孩子过关斩将、顺利进入大学之后,我们就不再像高中那样,深切地注意教育到底好不好了。

比较矛盾的是,如果我们觉得大学之前的教育制度不好,太填鸭、不自由,孩子没办法在这样的制度下学到自己想学的东西,那么,上大学之后,为什么孩子对学习无法产生如鱼得水的快乐?有多少人真正享受大学的知识生活?又有多少父母延续着对高中生课业的关怀,来了解孩子的学习?

Pony再过几个月就要去上大学了,妈妈告诉你这许多事,是希望我们能从别人的身上得到反省的启发。

人生不是一次的冲刺,而是每个阶段努力的总结。无论如何,大学四年是非常珍贵、特别的学习机会,不是苦读十二年后得来的犒赏。要如何看待这四年,在进大学前如果有好的心理建设,你计算人生的方式便会不一样。

人生中的利与益

"机会"与"付出"之后所获得的成长,
在我的人生计算中都是工作酬劳的一部分。
我但愿孩子能看到金钱之外,这抽象的报酬其实是多么有价值。

Pony在暑假中得到一个网页设计的案子,起初,对方只是请她画插图,但这位才刚念完大一的小女孩却胆大地对她的商家提案:"既然你们的商品是以'美'为主题,为什么不让我把整个网站重新设计、制作成更符合你们商业形象的作品呢?"对方思考之后,答应给她一个提案与议价的机会。

听完报价后,她的业主质疑地说:"我并不觉得你所开的价位不够合理,但那是个专业的报价。"十九岁的孩子信心十足地回答:"我知道,因为我就是要提供你一个专业质量的新网页。"经过几次讨论,生意谈成了,孩子也开始埋首于新工作,每天黎明即起,按着自己分割的项目努力。我每天回家之后,她总是兴奋地跟我分享新进度。

一整个月,我看着她手绘许多给网页的图稿,整理产品的目录,也外出去帮公司摄影取材,然后潜心把这些数据网页的特殊效果一页页地做出,觉得效果不好就改,客户不满意再改。这期间虽然也有许多人想请她延续去年的教学课程,但时间已不允许她再接受其他工作。

有位亲戚听说了这件事,不无遗憾地对孩子说:"哎呀!多可惜,这样不就少赚很多钱了吗?"那晚,我给一位朋友回信时谈起了这件事,心怀感谢地写下:"Pony在帮一个公司设计网页,每天早起晚睡地工作,但因为从头到尾自己负责,所以是最好的学习与锻炼;毕竟,要磨得一种能力,是需要别人给机会与自己努力付出的。"

我信中所说的"机会"与"付出"之后所获得的成长,在我的人生计算中都是工作酬劳的一部分。我但愿孩子能看到金钱之外,这抽象的报酬其实是多么有价值。

我常跟孩子分享一句话:"要说凡事都有利可得是不可能的,不如说:万事都可从中获益。"这利与益如果区辨清楚了,真是人生的一大礼物。

出社会之后,我做过许多事,有些工作所得的金钱报酬,微薄到精明的人忍不住要取笑我的傻,或嘲讽我不把钱放在眼里。对于这些评语,我只能一笑置之,因为存在于工作中的价值常常不是他人可以一眼看尽的,但如果连自己都无法体会,那才是我真正的损失。

我问自己,我们花钱去上课是想要得到启发、成长或丰富,如果这些期待在工作中出现了,我也一样会重视并珍惜吗?

有一天,我工作到好累,回家后坐在椅子上休息时,不禁回顾起这一天自己是怎么过的。餐厅北迁之后,我没有一日不连续工作十二个小时以上,如果遇到教学日,要关注的事就更多了。有时,的确忙到有虚脱之感,但是当我静下心来回想,因为这么紧密的工作而让自己获得多少练习的机会,我的感谢之情便油然而生。

想起这十个月来,我已在新餐厅供应过两百多道自己设计的菜色,每一种菜色都因为有机会不断操作,而提供了我更完整的思考与改进,这是我体力辛苦所得到的一大报酬。无论我再怎么喜欢做菜,这种反复的练习是在家中无法拥有的机会,我怎能不为此而感到非常幸运呢?

教学也一样,虽然因为精神集中,要处处顾着孩子的安全而无法放松,但从中我得到更深入的观点,那不是纸上谈兵的教育理论所能提供的经验。每一次辛苦的实作,都使我对教学产生更稳固的信心。

我很珍惜工作所提供的成长机会,这与纯粹的学习意义不同。至少,我从工作中清楚地看到三件"有益"的事——

在工作中必须学习符合他人的期待,因此这是最好的性格锻炼。
工作提供了练习的机会,从反复中可以精进技术并体验出更成熟的想法。
工作使我对时间必须有更好地规划与管理,帮助我了解效率的意义。

真的,万事都可从中获益!如果这个社会有许多被利益冲昏了头的主张,因而使你感到自己如此渺小,请不要沮丧,别忘了人生的决算有利与益之分,要紧紧掌握住那些对你真正有益的影响。

让信心在实作中奠基

与孩子同工的照片,来说明自己累积"信心"的方法:
——仔细观察
——用心、用方法带领
——大胆放手
我所谓用心与用方法带领的过程中,有四个准则:
——清楚温和的语言
——具体的步骤
——宽怀的接纳
——取法其上的高标准

很多人看到我可以放心地把重要工作交给孩子时,总是讶异于我的大胆。家长纷纷问道:我们对孩子的信心到底该从何而来?于是在一场演讲中,我放映了许多与孩子同工的照片,来说明自己累积"信心"的方法:

——仔细观察
——用心、用方法带领
——大胆放手

在我的经验中,这不只是三个要件,其间的顺序更为重要。如果少了"观察",即使非常有心,也常常会用错带领的方式;如果少了具体的带领,一下子就跳到"大胆放手",那"信任"就带着冒险的成分,有时真的会造成不必要的错误或危险。所以,我总是胆大心细、按部就班地执行这三种带领要方。

我所谓用心与用方法带领的过程中,有四个准则:

——清楚温和的语言

——具体的步骤
——宽怀的接纳
——取法其上的高标准

有些人会觉得，教孩子做事，要求不必过高，等他们长大了再逐步修正就好。因此我要特别解释对"取法其上"的想法。所谓的"高标准"，并不是要孩子凡事做到十全十美，而是希望他们养成做事尽心尽力的习惯。为孩子做示范时，应该用清楚的方法，展示美好与完整的结果。

我们不要忽略，有许多事，做一半与完整做好，所花费的力气是一模一样的，其中的不同只是"用心注意"的结果。所以，取法其上是一种自我要求，也是提供孩子专注力训练的最好方法。

比如说：把脱下的鞋摆放整齐是一个动作，而随意乱放也同样需要肢体协助，所以，这并非需要逐步学习、分次要求的教育。孩子初次被教导这件事情的时候，如果有大人仔细地为他说明其中的美感，以及解释这对环境整洁的贡献，他们通常就能跳开"被要求"的命令执行，而主动思考把一件事情做好的益处与美感。

带孩子做任何家事时，虽然因为经验较丰富而有具体的方法可以相授，但如果带领途中他们有意见或新方法，我都乐意聆听与尝试，这便是我说的"宽怀的接纳"。

我一直都非常鼓励父母自己要安静下来执行教养的工作，不要让生活总是处于过度活跃的状态。少了安静的心，我们便无法好好观察孩子，而观察不但是了解的开始，也是日常生活中不该中断的关怀。

我深深感觉，二十几年来，我的教养之所以能不断有新生的力量，是因为在不同的时间中付出了真心地观察。我越来越懂得，何时该给孩子有用的帮助与积极的建言，何时又应该耐心地等待。

父母努力教导孩子，为的是成全他们的独立与自重，希望他们不用倚赖他人的照顾而能好好生活。在如此具体的目标之下，教养不应该落在以爱为名的无尽担忧中。如果能从生活小事的教导，让信心慢慢在实作中奠基，放手的那一刻，我们的宽心，也会带给孩子可以安全飞翔的自信。

先分配时间，再安排工作

安排时间，其实就是为一件工作定下时间限制。
限制时间帮助我们专心，而专心扩大了能力，
时间是人生的资本，在工作中计算与善用资本，是我不停学习的功课。

"如果不是因为有最后一分钟，有些事情永远做不完。"这句话大概很能说明我们一般人与时间的相处与追赶，不过，它也同时提醒了我要好好分配时间。所以，如果有人问起我如何经营生活时，我一定分享"先分配时间，再安排工作"的想法。

在一天之中，总有许多事等待着去完成，有些是属于责任的，有些是自己喜欢的。每天我除了以"应该做"与"想做"来排列工作的优先级之外，更重要的是，我会先排定时间的切割。在那有限的、可以运用的资源里，如果不先安排时间，通常预定的工作很难一一完成。

我发现，跟时间相处不好的人，并不是忘了时间的存在，而是忘了下一个目标、下一件该做的事。所以，如果一件事不配合着时间的限制，清单上再仔细的规划也常常无用武之地。我们一定都遇过这样的情况：投入一件事，做着做着就忘了时间，等到想起时，早已错过了该做的另一件事。

安排时间，其实就是为一件工作定下时间限制。也许，刚开始的时候，自己预计的时间与工作的完成度会有落差，但如果不经过这样的心智训练，很难养成做事有效率的习惯。我们只看到自己不停地在做，却无法检视做的同时，是否方法要改进、思维要调整；有些一念之间的改变，的确能使自己大有进步。但是，通常人是不喜欢被约束的，要督促自己

常常想到时间的限制并不容易。

多年来,当我把一份工作交给新进的员工,并要求他们以限制内的时间完成时,常会在交接对望的那一眼中,看到一丝疑惑与委屈的神情。那抹表情通常都代表着在过去的工作里,他们并没有效率思考的习惯。一般来说,我们也都认定:工作态度好并愿意投入的人,就可以算是热情负责的工作者。不过,如果能为自己的成长思考得更深、想把一件工作做到轻松与胜任愉快,养成时间限制的习惯是绝对有用的。时间是人生的资本,在工作中计算与善用资本,是我不停学习的功课。

记得有一次我无意中发现,Pony在教画画的时候,竟要求学生在二十分钟内就得完成一张简单的作品。完成之后,所有的学生便加入评论,由她给予指导;等到画与评论都完成,马上又再进行下一个二十分钟,节奏之紧凑让我深感意外。我以为,所谓的创意与艺术都是优哉游哉的,没有想到在艺术课堂上,她们是一直受着这样紧密思考时间与行动的训练。

当我跟Pony交换了时间限制的想法与这种方式所带来的效果时,我们不约而同地看到一个非常重要的影响——限制与专心。限制时间帮助我们专心,而专心扩大了能力,使我们屏除一切无关的分心之务,更充分地利用了各种感官的爆发力量。

有一段时间,我因为信件太多,回复信件耽误了其他工作。以一个作者来说,回信也是我该做的工作之一,但因为自己没有好的计划、没有明确的时间安排,所以打乱了其他工作的进行。仔细思考后,我规定自己在一天中只腾出一个小时来读信、回信;若读不完,时间到了也一定要放手去做预定的事。我发现,这种有限制的时间安排,让状况变得好多了。虽然，我还是无法把每天增加的所有信件都处理完；但在同样的时间里，我处理信件的效率比之前进步，也不再让信件增加这件事影响其他工作的正常运作。

每个人的生活里都充满了不同的活动项目，而手上只有那相同的一天二十四小时。如果不主动安排时间，生活很难稳定地掌握在自己手中，我们迟早会习惯于让时间的流动拖着自己到处漫走。

了解工作的优先级——给庭宜的一封信

每份工作都包含着许多的细节与片段，都做好了才是一份"完整"的工作，如果我们错过了应该先做的事而没有动手，它的影响往往会更大。而决定许多事当中哪一样该先做的判断，就叫了解"优先级"。

亲爱的庭宜：

早上一起工作的时候，本想直接跟你讲解这件事的，但后来觉得这是一个非常重要的概念，应该写在信里，但愿你能一直留着这份讨论。

你的确是非常能干的孩子，记不得有多少次，我们全家谈起你都有不同的赞叹；Abby跟Pony姐姐也承认，以同年龄时来说，她们没有你能干。也是因为这样，阿姨觉得现在跟你谈优先级的判断，对你来说应该不是困难的课题。

今天早上你妈妈突然不舒服回家休息之后，我看到你马上加快脚步处理厨房的工作，有条不紊地一件件完成我们请你帮忙的事情。除了看到你的基本功夫与做事的习惯之外，更让人赞叹的是你的稳重。虽然这个早上阿姨原本是预计要去做其他工作的，却因为临时得顶替妈妈的位置，而不能不改变计划，但这个早上的变动对我来说非常值得。能看到你这十个月来的成长瞬间完整地呈现在工作中，我觉得很欣慰。

阿姨的高兴从两方面而来：首先是看到你尽力在顶替妈妈的分工，这表示你非常了解她对工作的责任感；其次是，我看到你不停地在注意时间，想必你已经在考虑要如何加快脚步，才不会因为妈妈的突然缺席而打乱进度。无论从亲子之间的体贴还是一个工作者的责任感来说，我都对你佩服有加，毕竟，你才满十六岁。

差五分钟到十一点的时候，我走出厨房，看见你正在跟一位女士谈话。跟她点头招呼过后，似乎听到她在询问你中午订位的问题。所以等我再走回柜台时就随口问道："刚刚那位小姐顺利订到位子了吗？"你们三个虽然手都在忙，却异口同声地回答我："没有，位子都订满了！"我马上又问："中午的订位已经全都确认过了吗？"又是一阵默契极好的回答说："没有！"

当时，我觉得很讶异，都快十一点了，却没有人想到要去确认订位。还有，就算因为今早一阵突然的忙乱而忘了这个工作，在那位女士亲自来店询问时，你们也应该要想起原来的订位可能会临时有所变动。我的意思是说，如果你们并没有做过确认，为什么能肯定地告诉刚才那位现场的客人没有位子？

在提醒你们这件事有多么重要时，你的回答使我想写下这封信，好跟你做更深刻的讨论，因为你似乎没有完全懂得我的提醒中所指出的重点。

你当时有点委屈地回答我："可是，我们从早上开始一直都在忙啊！"那句话的后面，似乎还有没说完的一半："我们并没有闲着，只是没有人来做这件事。"

庭宜，这就是Bubu阿姨要跟你讨论的优先级，而我的话并不是责备，而是指导。每一份工作都一样，包含着许多的细节与片段，都做好了才是一份"完整"的工作。为了要达成任务，于是我们分工、同时执行不同的工作。就是因为如此，得有人能看出哪些事该先做，哪些事可以缓一下。这并不是说其他事就不重要，只是如果错过了应该先做的事而没有动手，它的影响往往会更大。决定许多事情当中哪一样该先做的判断，就叫了解"优先级"。如果今天早上你们三个人在同做一件事的时候,能早点协调出一个人手来做订位确认的工作,我认为这个安排会更好。

庭宜,阿姨希望你开始学习,在每一天的工作中排列出先后的顺序,即使时间上没有非常紧迫的要求,也练习这么做。一旦习惯这样的思考,你掌握工作重点与统筹的能力就会越来越强,做起事来也会更得心应手。

另外,我还要再跟你说一声,在工作中得到任何的指正时,就把它当作一种合理的讨论,不是挨骂。如果你在听完我的话之后说的是:"喔!好,我们下次会注意。"会让我觉得轻松许多。我们响应一件事情的态度与语气,都表达了我们接受时的心情,这是不能不注意的事。讨论工作的时候,就让我们更像朋友——愿意互相学习、想让工作更顺利进步的好朋友吧!

要快就要慢

要慢才会稳,要稳才会快。对照于稳定的心情、稳定的动作,动作快却不思考或常常犯错需要他人帮忙来挽救状况的人,似乎才给了快与慢重新评估的机会。

"要快就要慢"是奶奶的名言;是专给我那杂事缠身、行动快速、三头六臂的母亲的建议。

虽然奶奶好声好气、缓缓地劝说:"美容,要快就要慢!慢慢来、慢慢来。"但母亲不讳言在她年轻的时候,当生活中有那么多事总是同时发生、一件也不能放下的阶段,这样的劝告她听不懂,心里只嘀咕着:"奶奶可以这样条慢理斯,只不过是因为她没有那么多事得做。"

奶奶过世后,我也经历了人生不同的阶段,而母亲迈向了乐龄,虽然仍很积极,但她的生活脚步终于也慢了下来。有时候,爸妈来探望我,看着我工作,看着我们夫妇走路的速度,母亲会忍不住说:"你们动作太快了,让我看得头很晕。"这时候,奶奶那句至理名言"要快就要慢",就会成为母亲给我的建言。

乍听之下好矛盾的一句话,快与慢这样的联结根本不合理。想想看,谁会去劝一个需要快一点完成工作的人"慢慢来、慢慢来"?而我们也多么习惯对孩子说"快一点、快一点"、"难道你不能快一点吗"?尽管得的并不是急惊风,但是谁也不想做事遇上慢郎中。我们所知道的道理是:要急才会快,要快才会到。

在多年的工作经验中,我也从来没有遇到过一个让我觉得看起来虽然很慢,但其实快到真能吓人一跳的工作伙伴。似乎,一个人的快与慢,还是非常外显于动作的急或缓。一直到认识小米粉之后，我才重新领略到快与慢的意义。

如果以外表来看，小米粉的确是有些慢的。她给人慢的印象，其实是因为她对事情的反应很平和，很不夸张，她像一块磁铁，似乎遇到什么事都能全盘吸收，波澜不惊。

因为要把她训练成更能掌握全局的料理者，所以我常常在提醒她，动作与动作的联结要更快一点；那快，是为了要掌握一道菜最好的时刻——最好的温度、最好的鲜度、最好的彩度。我常在想，我真的很喜欢小米粉的温和勤劳，但如果她能再快一点，不知道有多好。

虽然心里惦记着如何训练她，但一起工作越久，我就越注意她对于工作安排的思考其实很严密。还有，她工作的时候很专注，从不跟人闲聊。比起一开口就停手或容易分心的人来说，她完成一件事的速度，一点都不慢。

对照于她稳定的心情、稳定的动作，动作快却不思考或常常犯错需要他人帮忙来挽救状况的人，似乎才给了快与慢重新评估的机会。

我慢慢从小米粉身上，从工作与生活的经验中，来重新解读奶奶的这句话。原来：要慢才会稳，要稳才会快。我不只要懂得给别人工作建议，更要督促自己实践那些建议当中应该力行的道理。

把眼光停在最后一瞥

要培养出好的动作之前，我们得记起自己有一双眼睛，它就是代替心在督导我们的动作。当我们能把眼睛停在动作的最后一瞥，我们的心也因此非常专注，而专注将有助于达成任务。

我听到乓乒一声，不用走近也知道又有杯盘打破了。在紧急的工作节奏里，责备当然不是好方法，我得先进行"抢救"。

抢救什么呢？在忙乱中打破东西的人通常很紧张也很自责，一慌就难免徒手去捡碎片，这时，旁边最好有人立刻帮忙，以最快的速度先理出一个安全过道，不要让碎片再伤到人。一方面因为工作流程不能就此暂停，所以要疏散听到声响、放下手边事情想围过来帮忙的其他工作人员，提醒大家维持正常速度让工作运作下去。这就是一家餐厅在最忙碌的时候有人打破东西的实况，器物的破损只是其中一项看得到的损失，造成的慌乱往往是更严重的困扰。

快速忙碌中打破东西当然在所难免，不过，如果仔细思考，我们大有机会可以避免这种错误。我最常跟大家提的是：如果动作要稳，一定要把眼光停在最后一瞥。

不知道有多少次，我早上进厨房打开冰箱，一个浅浅放在门边的东西就应声跌落地上。如果那刚好是个玻璃器皿，我就得花上一段时间清理；即使那天我的运气很好，放东西的人用的是一只不锈钢容器，但因为食物通常会夹带汤汤水水，我也要为那飞溅四方的汁液付上好大的代价——那些清理的工夫我可以用来做多少事？有时候，心里好懊恼，忍不住抱怨到底是谁的杰作，心想："为什么放东西的时候，不能定在最后一眼，仔细看好再放手呢？"这种在幼儿园里早已该训练完毕的"手眼协调"，我们却没有沿用在日常的工作中，让小心稳定变成生活的好习惯。

我仔细观察过许多外场服务员，如果常常打翻东西、打破杯子，通常是因为他们没有把眼光停在最后一瞥，当手还留在上一个动作的时候，眼神早已移向下一秒。这并不是他们不关心工作的运作，相反的是：因为很关心，所以太急切。

我不想用"粗心""草率"这些字眼来谈这一类的工作疏忽。这些字眼我们都听惯了，不会有太大的感觉，而且它也不过显示一种结果的评断，被批评的人并没有得到积极的建议。在工作中，我总是思考要如何给他人真正有用的建议，让听取的人能循着具体的方法改善无心之过。"把眼光停在最后一瞥"，就是我对常常打翻东西的人最好的行动建议。事实上，当我们可以把眼睛停在动作的最后一眼时，我们的心通常也非常专注，而专注将帮助我们达成任务。

我常常允许小小孩去做很多大人认为他们的年龄还无法胜任的工作，我的信心来自于观察。当孩子们小心翼翼，眼睛永远注意着自己的行动时，通常很少会犯错；错误是在自以为熟练，不再费心留神的时候发生的。

如果我看到洗过手不肯好好把手擦干的员工，我会带着她先去看那水渍滴在地上、经过大家踩踏后所造成的污染。生活或工作场地的质量好不好，每个人的小动作都很重要。但是要培养出好的动作之前，我们得记起自己有一双眼睛，它就是代替我们的心在督导我们的动作。所以，留心、留神，也留意动作的最后一眼吧！

◆ 补记 ◆

给予有用的建议

除了一场混乱的责骂声之外,我们常常不知道该如何处置或教导孩子屡屡错误的生活行为。因为错是无心犯下的,所以怒气之后就只好丢下"小心一点""细心一点""以后不要再这样"之类不痛不痒的话,来告诫他们。

不过,讲的人在讲,错的人继续错。所以,我喜欢仔细检查小小动作的错误来源,只为要给孩子一个有用的建议。因为我记得有句话说得好:"责难是最容易不过的了。看出毛病并不需要什么特别才能,可是要看出怎样才能改正过来,却需要一点眼光。"

等孩子一下

> 每次妈妈带我做事的时候,她总是把我当成一个并肩分工的好伙伴。
> 她对我最好的赞美,就是一再地交托重任给我,
> 并且无论有多忙,都知道等我一下是使我能干最好的机会。

教孩子做家事,最能考验父母挂在嘴边的教养观念与自我期待的耐心。因为我们"怕错"的担忧,往往驱使双手忍不住要去抢孩子正在进行的工作,抢的同时,心里却还是惦记着专家提醒父母要给孩子足够的鼓励。所以,我最常见到的情况是,父母一边抢着帮孩子完成工作,一边口中同时喃喃地对孩子说:"你好棒喔!自己做完了。"

每当旁观这一情景时,我总忍不住要去揣摩孩子当时的心情——他们会不会很希望大人给一点时间,让他们以自己的思路慢慢完成手中的工作?

其实,我口中的"慢"是未经过时间计数的说法。我用"慢"字,只是因为孩子需要的一点时间,那"稍待"与父母的"急切"刚好形成大反差。就算这当中的差别只不过是几分钟的延误,但对焦躁的父母来说,不管多久都一样是难耐的等待。

父母生活忙碌,没有多余的时间跟孩子琢磨或许是个好理由,但如果在时间非常足够的情况下,我们也真的会愿意等待孩子自己去摸索学习吗?我们会允许他们做错了重试吗?这是一个值得好好自问的问题。

在我的记忆中,很少看到别的母亲比我的母亲忙碌,但工作如此紧迫、行事又极有效率的妈妈却从不抢我手中的工作。她深知节省时间的好方法,是用精准的语言使我在不同年龄了解她的教导。时间值得花费在看

我把事情从"不会"做到"更好",但不可浪费在无谓的拖拉或沟通中。

端午节近了,我想起小学跟母亲学包粽子的情景。因为家里工厂忙,母亲必须得利用夜晚饭后的时间来进行馅料与粽叶的整理工作。她交代我放学后早点把功课做好,因为她需要我的帮忙。于是,那几天我总是好兴奋,回家后比平常更有效率地先把所有属于自己的工作完成,饭后就安心地与母亲在厨房里为节日的美食忙碌。

母亲教我月桃叶该如何整理清洗,为什么要先煮过,又为什么梗较粗的地方得修细,才好折弯而不破,那些话语对幼年的我来说,既清楚又实用。她会自己先洗几片示范给我看,接着看我洗一两次,就信任地把工作完全交给我。妈妈告诉我,因为我帮她洗叶片,她可以去炒葱头、卤猪肝,等她做完,我们又要一起做哪些工作。每次妈妈带我做事时,总会先不厌其烦地把整个计划与时间规划说清楚,这使我从生活中完全体会到时间管理的概念。

就这样,母亲轻易地在工作中带起我对一件成果的期盼、对一份工作的热忱,因为她总是把我当成并肩分工的好伙伴。她对我最好的赞美,就是一再地交托重任给我,并且无论有多忙碌,都知道等我一下是使我能干最好的机会。

做与错

我们不只要学习别人的经验，更要了解这些经验总结背后的那番道理。
工作中的每一种对与错都自有它的意义，
我想用日渐深刻的了解，为自己累积出坚实的工作力。

在小米粉温和冷静的表情下，还是看得到一丝尴尬，她缓缓地对我说："Bubu老师，我的布丁好奇怪，有一盘成功了，另外一盘却没有熟。"

我仔细观察了她完工的两盘布丁，一盘用的是小焗烤盘，宽而浅；另一盘则密密挤挤地排着每瓶都装了三分之二蛋汁的保罗瓶。当然，瓶里的蛋奶汁还在摇晃，而另一盘的法式布丁已完全凝固。

我问了小米粉几个问题：

她烤这两盘布丁的温度与时间都相同吗？

发现不熟之后，她的补救方法是什么？

这就是我在工作中遇到问题的处理态度——一定要找到出错的原因，彻底了解各种影响的因素，从而推论出合理有效的改进方法。

虽然在"努可"咖啡馆的时候，小米粉常常烤布丁，也很少失败，但是，我发现过去她的学习是在固定条件里重复相同的经验，并没有被告知原理是什么。所以，她所能掌握的只是某一种情况下的成功，一旦条件改变的时候，她并没有想到应该做出合适的应对调整。

小米粉跟着我工作之后，我看到了她的天分、她的热情，因此更了解自己的责任不只在教会她新的技能，我想透过工作检讨来帮助她建立有用的思考习惯。因此，我不让她在对或错里碰运气，我要她透过真正的了解，去掌握更高的成功率。

那盘保罗瓶当然不可能会熟，因为热气在瓶间没有循环走动的路径，只能从上或下供应。如果加高温度，从上而来的热过高，上层奶皮很快会皱起，而瓶子四周所需要的热度还是因为瓶与瓶太挤而无法得到足够的供应。她的补救方法不应该只是增加温度或延长时间，而是把一盘分成两盘，拉开瓶子与瓶子之间的距离，让热度有好的流动。

"知其然，不知其所以然"，是许多人的思考习惯，但我深知了解基本原理对一份工作有多重要，因此不断鼓励小米粉一定要探究根本，才能举一反三。事实上，这也是学习上缩短摸索时间最有用的方法。

在冰箱中储存蔬菜，用纸比用塑料袋容易保鲜，为什么？

用喷灯可以更快地把多余的气泡除去，为什么？

用米水可以把蔬菜泡酸，为什么？

为什么要先晒过太阳、晾过风？

为什么有些点心不能完全退冰才烤？

为什么同一瓶鲜奶油，有时很快打发，有时不能？

我整天逼迫店里的工作人员思考工作中所发生的问题，而不是只战战兢兢地遵循我所教导的要诀。

我们不只要学习别人的经验，更要了解从这些经验总结背后的那番道理。工作中的每一种对与错都自有它的意义，我想要深入其中的道理，想用日渐深刻的了解，为自己累积出坚实的工作力。

重创五分钟的价值

工作中，任何的乱都会带来负担。
我了解时间永远有限，也了解主动避免各种乱所带来的效益；
如果有可资运用的五分钟，我就试着重创它所带给我的价值。

如果没有办法跟大家一起做餐前的准备工作，我也希望在供餐前能提早一点进厨房。整理好服装洗过手后，我一定先站上自己的工作台，检查所有的食材是否备妥，然后思考一下，以当天的餐点来说，材料的位置该如何摆放才正确。那五分钟的调整，会让稍后的工作顺利许多。

进入供餐的尖峰时间后，厨房的带状工作快速地推动着，餐点越复杂，桌面与炉台的条理就越重要，否则光是为了寻找或不停地挪动，就会耗掉许多时间。

点单一张张从计算机传进来后，时间的流动成了厨房工作者的巨大压力。要如何安排工作流程才能增加产能，是我最常思考的问题。我常常在紧密的工作中腾出五分钟，把已经运作了一小段时间的工作台稍事整理、擦拭一番。如果有几分钟让我调整手边动线，那番整顿常会重创出不同的价值。

比如说：把几盘已经用掉大半的配菜重整成一盘，以缩小工作台的占用面积；酱料小锅应该再添隔热的水并擦拭锅边，以保持温度与浓度。工作中，每一个小时材料的量都会产生变化，如果没有运用其中的几分钟快速整顿自己的工作环境，混乱是必然的；而乱所造成的阻碍与损失，我们却常常看不见。

我很怕乱，因为任何的乱都会带来负担；更糟的是，我们常常因为忙碌的饱满之感，而忽略了实际之乱所耗费掉的各种成本。

想想看，在过去的一个星期中，我们曾经用了多少时间来找东西，或挪开阻碍工作的对象？我常常问自己的一个问题，不是我已经完成多少事，而是我花了多少时间完成这些事。在这当中，我可以看到乱之害。

乱有两种：一种是心里的。思路的乱很可怕，在生活里闯进闯出毫无头绪。每当自己有这样的状况，我就利用短短的五分钟坐下来，把脑中同时运作、条理散乱的想法用纸笔条列出来。我用具体的行动来规范跳脱的思绪，这是安定心情的好方法。也许在一天里，突然出现很多该做的事让人感到紧张，我会劝自己不要光想，越想只会越慌乱。我坐下来，把该做的事一件件写下来，具体的项目因而看起来比心中原本的担忧轻盈多了。然后我分配时间，动手去做，享受做完一件是一件的乐趣。

另一种乱是实务的乱：例如环境的乱或时间的乱。环境的乱会直接耗费掉看得见的成本——时间与质量。重视这个问题的人一定了解举手之劳的意义，妥善的维护与正确的使用方法最能减少乱之害。

我常觉得人生有两种过法。一种对生活不经意，等大乱的时候再来检讨或整理，那有点像我在路边看到有人清理桌面的方法——先把桌面的脏乱全扫下去，再拿扫把来扫地；另一种是常常检讨、整理，对乱之害永远有先见之明的自觉。

我了解时间永远有限，也了解主动避免各种乱所带来的效益；如果生活中有那样可资运用的五分钟，我就试着重创它所带给我的价值。

◆ 补记 ◆

用"美"的展示来引导

想为孩子建立好的习惯,除了以身作则之外,大概很难有更好的方法了。但是,也有不少父母抱怨自己既有条理又爱干净,孩子却不受影响。

我总觉得孩子在小的时候因为生命经验浅,有时很难单从"好处"来接受一种习惯的养成;如果用"美"来引导这样的想法,却常常有预料之外的效果。或许就如毕加索所说:"每个孩子小的时候都是艺术家。"没错,我所带过的每一个孩子尽管对美有不同的坚持与诠释,但他们对于"追求美"这项心智活动却全然地热情。

所以,我不喜欢用僵硬的规定来教导他们学习生活中的整理习惯,我喜欢"展示",从而诱发他们去体会"同样"的一份工作中,杂乱与条理之间竟有如此的差异,而后再从美来讨论效益的问题。

我会跟孩子解释,为什么我的餐盘要如此整齐地排列在柜中;为什么我做菜的时候,准备过程中仍会注意这么多的细节;这些都是对于整理工作的美的展示。当日子慢慢累积足够这些主张与示范之后,他们渐渐成长的心就更懂得其中效率的意义了。

学习是失败重来的经验

在孩子做家事时，我们观察到其中的失败或阻碍，然后给予具体的指导，
鼓励他们再试一次，帮助他们达成完整的经验，
孩子就会从天天接触的事物中，慢慢累积出接受新任务的信心。

在带小厨师实作的过程中，每每会看到孩子遇上问题时的两种反应：一种是稍有不顺，孩子的手与神情便同时一摊，期待马上有人来接替完成手中的难题；另一种孩子则会坚定地表达"我要自己试试看"的心意。

这些反应提供给我的讯息，并不是孩子的性格倾向或能力高低。在我的眼中，孩子的每一个阶段都有成长的契机，时间点常常决定于他们何时遇到好大人；如果我们愿意提供养分与空间，孩子便有无限成长的可能。

我所观察到不同孩子所显现的特质，代表的并不是定论，而是他们所受的影响。从这些反应大概可以推想，孩子是在什么样的教导模式中成长，这帮助我找出引导孩子的新方法。

虽然，没有人会为孩子的家事能力给予评分，但是，如果父母想要检视自己的成果，我认为最有效的评量，是观察孩子解决问题的态度与能力。在这种省视中，父母不只看到孩子，更看到自己。

遇事撒手不管或一心想得到帮助的孩子，通常是因为问题还未发生便有人承接，或是遇到困难试图自己解决后却从未能得到认同，所以他们缺乏与困难磨合的经验。

有时候处事能力特别强的父母，最容易犯下抢夺孩子成长机会的过错，因为他们完整的经验，不容孩子再花时间自己去探讨、摸索新路。在

这样的经验中成长，使孩子得到一种印象，认为自己无法把工作做得够好。无法得到独力完成工作的成就感，之后如果再遇困难，便很难有勇气或习惯去克服。

学习是尝试的过程，是失败重来的经验，做家事的确可以让孩子重复这样的经验与体会。

孩子做家事的时候，我们观察到其中的失败或阻碍，然后给予具体的指导，鼓励他们再试一次，帮助他们达成完整的经验，孩子就会从天天接触的事物中，慢慢累积出接受新任务的信心。

有一次，一个小一的孩子把做了一半的工作顺手丢开不做了，我问他为什么？他只懒懒地答道："我不想做这个。"我看了一下成果，心里猜想这工作对他来说并不顺利，但并不确知原因是什么，所以邀他一起再做一次。因为有人陪伴，孩子虽不是十分乐意但也勉强一起同做。在重做的过程中，我发现他对工具的使用没有信心，无法领略做好的乐趣，完成的结果也没有其他小朋友来得漂亮，也许是因为这样，所以他不想做了。

我花了一点时间跟他讨论工具的用法，鼓励他一试再试，几次之后，孩子突然在重做当中领略了自己的手与那工具之间的美好协调，小脸庞马上飘过一丝纯然喜悦的神情；完成之后，还问我可不可以再多做一些。

每个父母都希望孩子不要依赖，却常会忘记独立代表的是完整的经验；而这种经验，我们可以从生活中找到不断练习的机会。

学会与做完

"学会"了还能耐心做下去,才能真正完成美好的结果。
我们都了解,在真实的社会里,"懂"的人不一定能成为领导者;
成就功效的是脚踏实地、坚持去"做"的人。

我带一个小一的孩子学切菜,她的身边同时有许多有趣的工作正在进行,比如说:厨房里有人在烤甜点,而大桌的另一头有小朋友在翻动面团准备做拖鞋面包呢!我身边这个沉默的孩子正一心一意地挥动着自己手中的小刀,把摆在眼前的一大盘彩椒全切成细细的丁块。她完全不为其他事物分神的专心之情,让人看了非常感动。

这位小朋友是第一次学习用刀。我拿了砧板,帮她垫了块洁白的抹布,以防滑动会造成危险。我笑问她怕不怕刀,她没有明确回答我,神情虽有些严肃,但脸上却情不自禁表达了极想尝试的心情。

我从背后圈围着她,双手托起那双稚幼细小的手腕,让她从我手中的动作感受稳定的握刀并体会施力的方法。我们先用拖力把剖成两半的甜椒切成直条,再运短刀法,把细条切成小丁。几次之后,我就放手让孩子自己切切看。仔细在一旁看着她安全地切过几次之后,我放松心情拿了其他食材在一旁整理,与她为伴。孩子聪明又专注,所以,一下子就把我所教的全学会了;不只学会,而且做得非常好。

经验中,有些小朋友会因为"学会"了某一件事,就想更换别的工作;如果他们被要求继续完成一件事,有时候小脸马上就露出"不好玩、好无聊"的神情。在这方面,我算是经验丰富的大人,知道自己一定要更耐心地用请托与说服的方式,来安定孩子的心情。我请他们不要急急更换任务，为的是让学习更稳固，也让团队的工作能运作顺利。

因教学而接触到更多的孩子之后，我开始用另一种角度来思考"带领"的意义。我相信父母应该能确定，"学会一件事"与"做完一件事"其实是同等重要的功课。因此，在教育上不该功利地鼓励孩子贪多务得，使学习一直停留在"会了"、"看懂了"如此薄弱的根基之上。鼓励孩子"多尝试"当然是一种宽广学习的引导，但不应该失去理想的均衡比重，使他们养成不新鲜、不刺激就无法安定下来的学习性格。

我认为耐力应该从小被培养，如果"学会"了还能耐心做下去，才能真正完成一项美好的结果。我们都了解，在真实的社会里，"懂"的人不一定能成为领导者；成就功效的是脚踏实地坚持去"做"的人。

每次，当我带着孩子耐心地把一件件小事完成，因而在最终集合成一件完整的大事时，我总会想起，在思想如此开放、学习机会蓬勃的社会中，如果我们愿意，一定可以把兔子的敏慧与乌龟的耐力融合成教养孩子的美好启思。

决　定

我是承认生命与生活都应该有所限制的；
我也喜欢在有所限制中，找到自由与自在的飞翔方式。
每天，我都在这种微妙的平衡里，做下新的决定。

在厨房里，我们永远都在做决定。

走进厨房，该从哪件事做起？同时做几件工作的时候，如果定时器响起，要放下哪件，先做哪件？接到伙伴的工作支持请求时，该不该中断手里做了一半的工作？这通常得马上通过优先级的判断，做下决定。

连炖一锅牛肉这样的工作，该用多大的锅来装是最省时、省燃料的，都是一种决定。

一朵花椰菜夹起来要配盘的时候，也立刻要决定用哪一面，才能把它最美的感觉呈现在盘子里。

我相信，如果厨房里少了这些常常因为条件改变而必须做下的决定，我们就会像机器人一样，不用思考只按照手册把食物做出来、端出去。这绝不是我对自己的期望，也不是我要提供给伙伴们的工作条件与生活方式。

有一天，当我在 Bitbit Café 与 Abby 同工的时候，我轻轻对她说了这个想法。当时她只无限同感地对我点点头，然后我们马上又进入更专注无言的工作中。之后，我看到她在自己的部落格里写下了这个分享的延伸。

1/6/09— Lunch at Bitbit Café.

  "We are decision makers." My mother explained to me. "Our job in the kitchen is to decide what to insist on and what to give up. You only have so much time. You must decide what's the most important thing for you at every given point and act accordingly. Be flexible with the rules but don't compromise blindly."

Sounds alot like my job at the Daily Pennsylvanian.

Sounds alot like life, actually.

——

One of our chefs took the morning off, so I worked as mom's partner for today's lunch. At the end of our peak hours, she turned around and smiled at me."Now I know that competence can be generalized."

I was surprised. "Are you calling me competent? Here?"

"You really are." She said.

I am bragging. I don't deny it. This is just such a compliment, coming from my mother. Not because she's stingy with praises but because she is the most competent person I know.

或许是因为孩子从小在我身边长大的十八年中，我习惯把她们当成我最要好的朋友，用每个阶段中孩子所能懂得的语言，对她们诉说自己对生活、对工作、对人际互动的感想。所以等她们长成之后，亲子间总是很快就能抓住彼此最深刻的感触。

也或许是习惯在每一次做决定时，我都把下决定或改变决定背后的想法说得很清楚，因此养成了她们接受不断变动的决定时，有一种超乎期望的理解力。那种理解力在小的时候显于外的是看起来很"乖"、很"顺服"；等她们长大了，必须完全面对自己的生活时，就成了一种对不同景况的良好适应力。

做了二十几年的餐饮，我学到最大的功课不是我"能"做什么，而是我"不能"做什么。一等这限制被自己明确地接受之后，我就在框框里任意驰骋，做我最想做的事；在条件的界线中，做自己所能做到的最好。

我想，我是承认生命与生活都应该有所限制的；我也喜欢在有所限制中，找到自由与自在的飞翔方式。

每天，我都在这种微妙的平衡里，做下新的决定。

工作服的意义

先看重自己的工作，别人就会尊重你的工作精神。
一件合适的工作服代表的不只是经过周延思考的需要与应用，
也代表了已经准备好要专心投入工作的精神。

《美丽佳人》的摄影与编辑来访时，我应门是穿着围裙的。开始采访拍照后，我没有问该不该把围裙换下来，而两位年轻人也没有特别提起。当时，我正为他们所要采访的主题"食物"忙着摆盘、翻看烤箱，在工作中穿上一件合适的工作服，对我来说是非常重要的装备。

虽然，工作服只是一件衣服，不是非穿不可才能工作的衣服，但是它却能给人一种"做什么像什么"的真实感，也提供了有利于工作的方便。穿上工作服后，就理所当然可以放手做去了。

小时候，母亲对我们日常的服装有很严格的要求。比如说，起床后一定要换下睡衣，即使是假日也不能穿着睡衣上餐桌；比如说，打扫的时候要换一件利落点的衣服以便活动。如果仔细体会其中的不同，一件服装所带来的工作效率绝对是不容忽视的。

有一幕情景，我想了好几年还没有想出答案，不知道是因为身在其中的人不知不觉，还是大家习惯高度忍受问题。不过，因为印象太深了，所以我常讲给两个女儿听，想学母亲一样叮咛她们，无论做什么，希望自己从里而外都像模像样，更不要养成对问题视而不见的习惯。

有很多加油站都附设有快速洗车的服务，除了一个滚带式的自动清洗房之外，多半还雇有一些年轻工读生以手工做更细致的刷洗服务。他们的工作是先用水柱与清洁泡沫喷洗、抹刷，再加强特别肮脏的几个重点。

因为水柱很强,风向又无法控制,工作者在某个程度上一定会被淋湿,最严重的通常是脚底到膝盖的小腿部位。因为,地上几乎永远是湿的,而他们工作时就踩在水滩之上。

即使在夏天,那永远湿淋淋的感觉也一定非常不好受,更何况在寒风吹袭的冬天里,他们是如何维护自己的健康?整天让身体的某一部分泡着水,不会感冒吗?我每见一次这种景象,就不禁在心里打个好大的问号;当然,还有一个更大的问号是:这应该不是无法解决的问题吧?为什么多年来不曾见到改善?

一双长筒的雨靴当然会有帮助;一件防水、轻薄的工作服可以解决多少问题!可是这么多年了,他们却任由同样的困扰围绕着自己,不曾改变。

我想,一件合适的工作服,代表的不只是经过周延思考的需要与应用,它也代表了已经准备好要专心投入工作的精神。所以,只要少了一条围裙,我就无法在厨房里自由的来去。

◆补记◆

看重自己的工作

"做什么像什么"不只是一种心理准备，职场上也会有具体的配置，以象征职人专注全然的精神。记得两个女儿从幼儿园开始帮我做家事洗碗起，我就让她们穿上围裙，有模有样地工作。如今她们若走进我餐厅的厨房，我一样也会要求她们先穿上工作围裙。

我希望她们了解做一件事的时候，全心投入是有方法的；先看重自己的工作，别人就会尊重你的工作精神。Abby后来告诉我，她在《宾大日报》工作时，每次出去谈事情，都会想到我的叮咛。她知道要穿得整齐，好让别人感受到她自己对工作的重视。

下班了就要走

真正自由的人可以驾驭心情与时间，
好好停在应该结束的点上，继续下一个预定的行程。
我希望从"停"这件基础的生活功课，跟孩子一起好好学习自由的意义。

晚餐开始前，我再度走进店里的时候，看到已经交班了的工读生还站在柜台区。我跟她挥挥手，听到她亲切地叫我。走进厨房穿上围裙，在口袋塞好擦手布后，我开始检查餐前的每一项工作，确定是否都已就绪，再绕回柜台察看甜点的准备细节。那位应该下班的工读生还站在柜台里，而我们已拉起铁门要迎接晚餐的客人了。

起先，我以为有什么事让她特地留了下来，于是赶紧问道："有事找我吗？"她笑着回答说："没有啊！""那赶快回家吧！"我接着说。她笑得更可爱了，似乎要我别担心，反过来安慰我说："没有关系的，今天不赶。"

一听完这句话，我才了解我们之间对"回家"这件事的想法非常不同，显然彼此会错意了。所以我连忙提醒她："可是，我们要开始工作了。"我知道这句话听起来像在下逐客令，但是，对一个服务业的职场来说，下班的人离开是一种礼貌，也是对留在岗位上同事的一种尊重。

我常叮咛Abby和Pony去帮人工作时，不要有"我已经下班了，即使还在工作场上徘徊，但没有支领薪水，而且如果有必要，我也会随时帮忙"这样的想法。其他职场的负责人怎么想我不知道，但在我自己的职场里，这是一种困扰。

首先，无论是从衣着举止或工作精神上的规范来想，上下班的标准当然不同，如果一位当班的员工漏失了完整的服装配备或举止不当，我以工作的标准来劝导要求，是很简单的逻辑。但对于一个下了班、轻松以待的员工自愿来帮忙，我既不能不知感谢也不能不坚持标准，进退之间都是困扰。

我曾想过，即使自己不是老板而是一个当班的员工，面临这种情况也很为难。我本来应该专注于工作的，但下了班的同事想跟我聊聊或帮忙，如果不搭不理、拒人于千里，似乎不近人情；如果要跟她聊天，自己会不安，工作态度也显得不敬业。

因为这些工作的认知，我养成了一种习惯：在结束工作之后，会马上离开还在运作的职场，因为我不想影响其他人的工作专注与时间安排。这种思考习惯让我外出做客或参加活动时，非常注意结束的礼貌，时间到了，一定告辞。

告辞是一种艺术，让好的开始有完整美好的结束。

◆ 补记 ◆

学习"停"的艺术

我自己举办教学活动的时候，总会提醒父母注意，要记得为孩子们示范一个好的结束礼节：

——约定的时间到了就该主动告辞。

——以具体的言行教导孩子告辞的礼仪。

有一次Abby和Pony看到我这么做时，对我竖起了大拇指。她们说，这让人想起小时候无论去参加什么聚会，我对于"结束"这件事情总有坚持的原则：再怎么好玩，回家的时间到了就要回家。孩子说，长大之后，她们更了解，"好的结束"对他人跟自己的重要意义。

又过了几个月，Pony在一次电话中跟我聊起时间管理的问题。她说建筑系的课业很重，她还要兼顾生活与打工，"说停就要停"是她如今常常反刍的一个想法；过去，我曾给过她们许多此类的教导。她问我，有同学为了功课打算停掉所有的社交生活，这会不会失去生活的平衡？我给她的建议是：没有这个必要，人需要参与不同的生活；不过，我也提醒她，真正自由的人可以驾驭心情与时间，好好地停在应该结束的点上，继续下一个预定的行程。

的确，在自我管理与时间管理上，我们需要学习"停"的艺术。

◆补记◆

我跟Pony说，就像你给自己一个努力工作后的犒赏，周末跟朋友好好出去吃个晚餐。如果你原定的计划是四个小时，虽然时间到了，但大家相谈甚欢、气氛正当美好，这个时候你能不能按着跟自己的约定离开聚会？这些收放会慢慢累积成自我掌握的信心。

人如果常常做不到自己表定的时间管理，很难累积对生活的自信。于是我们会不停拟定新的时间表、新的计划，这虽然是充满希望的自我安慰，但维持不了长久的好心情。我们也以为，如果舍去或完全隔绝某些活动就可以节省更多的时间，但我们需要的是"更多"的时间吗？还是需要"好好掌握自己"的能力？

"真正的自由，是在任何情况之下都能控制自己。"我希望从"停"这件基础的生活功课，跟孩子一起好好学习自由的意义。

领头的人

统筹能力不是只知道该做什么，还要能决定优先级，
而且工作进行中一定包含了时间管理的概念。
经过考验之后有办法领导工作的人，都是有习惯检视、观察全景的人。

Dear Abby and Pony,

今天早上八点，新的工程开始动工。爸妈提前在现场等候，好跟游先生做最后的尺寸确认。这是我们第一次跟游先生合作，他人很和气，沟通非常顺利。

工作中，我看到游先生有个习惯性的动作，他走进走出时总会把一些阻碍物顺手搬一搬，堆栈到最不妨碍工作的角落去。这个从工作中自然流露出的习惯让我忍不住会心一笑，想着：这就是带头领导工作的人。

我们常常谈到"鸟瞰"的能力，在谈话当中我们也会提到某些人做事不大想"全景"。他们或许很努力，一埋首就往单一的方向去，却很少时时想起正在行进的工作与整个计划的关系。但是，你会发现，经过考验之后有办法领导工作的人，都是有习惯检视、观察全景的人。

这种能力我们也称为"统筹"，听起来好大的一个字眼，但如果回到生活中来看，这就是妈妈从小花了好多时间训练你们的能力——清楚自己在做什么。

统筹能力不是只知道该做什么，还要能决定优先级（从哪里先做起？），而且工作进行中一定包含了时间管理的概念（我所做的事用多少时间完成？）。

这不是做大事才需要的工作习惯，也不是哪一天去上一种特别的课程才学得会的专门知识，它其实是从我们的生活中延伸、熟化的一种态度与方法。

一个母亲从起床后就得打点一家人的生活，如果要出门工作，更要在有限的时间中安排分配好如何有效率地把所有事都做完。有的母亲可以，有的人做不到，这并非完全是能力或工作量不同所造成的差异。人如何统筹规划自己的每日生活，会决定最后呈现的质量。

游先生看起来虽然只是一个跟我讨论计划的老板，并不真正动手负责施工，但从他随手整理的小动作中，我相信他有非常深厚的实作经验，以致流程中的细节与任何可能发生的事，在他脑中都有一幅清楚的图像，凡是会造成困扰或阻碍的小事，他都知道要越快解决越好。

简单地说，领头的人就是比一般的人都敏感，因为他鸟瞰事情，所以总是看到全貌。

大概在Pony十年级左右，当我们有机会讨论生活中做事的方法时，我发现你很喜欢用"whole picture"这个词来掌握规划的想法。的确，不管任何事，我们都因为能看到全貌，所以知道该如何着手，该如何完成。

"bird view"（鸟瞰）不只是将来去上班、工作才用得着的能力，即使当学生，要面对学习或完成一份功课，有这种能力的人，所花费的时间会更少，所完成的质量却更高。

工作中用对的、好的语言沟通

> 工作中的沟通，一定不能沦为两种极端的语言习惯：
> 不是在开玩笑就是在骂人。我们需要用非常清楚、礼貌的语言，
> 来传达彼此的要求，这会使工作更简单，任务更清楚。

在过去的每一场演讲中，我都试着要倡导"好好说话"的想法，因为说话联结我们的人际关系、生活质量与工作效率。每天使用语言就像呼吸空气一样自然，所以我们常常忘记它的美、它的力量与它所造成的影响。

有一天清晨，我去罗东圣母医院演讲，虽然时间紧凑但还是不忘一提好好说话。会后有位外科医师来跟我讨论，他说非常认同在家要好好说话这件事，因为我们对家人有爱，但在职场上要做到好好说话真困难。

"男生真的不应该随便开口责备人的！"这位医生颇感惭愧地说，"可是我忍了很久，试着好好讲都讲不通，有一天只好开口'臭骂'一顿。对不起！真的是臭骂，用了这么难听的字眼，请原谅我的语言暴力。"他真诚但尴尬地笑了笑又说："可是说真的，这就像是一场震撼教育，'骂'的确是有效的。在那之后，我看到被我骂的人一直在进步。所以，你还是觉得在工作中，我们应该好好说话吗？"

这个故事非常真实有趣，但我告诉他，我仍然觉得，在工作中，大家都需要学习好好说话。

愤怒之所以有效，并不是对方畏惧于这所谓的"震撼教育"。我怀疑的是，我们常常在自觉好好说话的同时，其实并没有清楚地表达出要求，

却在另一个忍无可忍的极端中才一吐为快。这两个极端之间最缺乏的,是不是一种虽然温和却很严谨与严肃的沟通方式?

一般人很容易曲解"严肃"的意思。如果我们说一个人严肃,就大半会把他联想成呆板无趣,所以我们不喜欢严肃的说话方式,也不喜欢被别人以严肃来形容自己的性格。我们比较认同开玩笑、嘻嘻哈哈所代表的亲切。问题是,玩笑有没有一个界限可以清楚地标示双方都同意的尺度?

我最常看到的是,父母跟孩子说话玩笑惯了,等到有一天,突然在言语中夹着一个教导或一份要求时,孩子并不察觉,仍然把它当成玩笑、不理不睬。然后一个不小心,引起了一场火爆的争吵,亲子两方都觉得莫名其妙。职场上也常有这样的状况。

我觉得工作中的沟通一定不能沦为两种极端的语言习惯:不是在开玩笑就是在骂人。我们需要用非常清楚、礼貌的语言,来传达彼此的要求,这会使工作更简单、任务更清楚。

我建议那位医生在"臭骂"之前,可以先试试严肃、清楚地说出自己的要求。也许,这样的结果与臭骂一顿是相同的,但其中的不同是,说的人不必背负愧疚的情绪。谁在骂过人之后会觉得好受呢?

选择好的语言传达自己的想法,是当一个好工作伙伴的必要条件,真诚的语言也常常能扭转僵局。

记得有一次因为机票的问题,我跟航空公司有了纠纷,几次沟通都没有进展。虽然按照航空公司的明文规定,我有立场上的优势,但对方的代表却非常强硬，她似乎打算极力护卫属下的工作错误。最后，当我觉得问题只不过在原地打转，沦为语法的迷思时，我对那位负责的督导说了一段话：

"虽然我觉得这个处理的方法完全不合理，但我绝不会说我要去消基会控告你们。我只是觉得，如果林小姐透过我们今天所发生的问题，仍然不觉得贵公司的计算机程序设计与服务都有值得改进的地方，那我们就让这个问题停在这里好了，也请把我的后段机位都取消吧。"

不知道为什么，那位资深的工作人员突然在我的陈述后立刻表达了歉意，我们几天来的僵局出现了协调的契机。她非常温和客气地说："翁太太，真的很对不起！我想请您给我一点时间，让我来想想办法。"

也许，我不应该说"不知道为什么"而有了这样的改变，因为，我一直都很确信语言与沟通的链接关系。在争执中，只要有一方可以透过语言释出真诚的善意，解决的方法自然有可以依附的传输管道。

◆ 补记 ◆

语言与心意之间的美好关系

我们完成许多事,都是靠语言作为工具,所以我常常提醒孩子们:说话与书写是同样重要的,不要对言不及义毫不在乎。人一旦意识到自己可以珍惜、谨慎地使用语言,就可以体会语言的本质与力量。

我带着孩子从小学习善用语言,想的并不是学好英文很吃香这一类的课题,而是无论使用哪一种语言,都不让他们忘记工具与心意之间的美好关系。开心的时候要说什么?愤怒的时候要如何表达自己?什么样的赞美可以表明真心?不平的时候要如何解释?我希望我的孩子成为快乐的、情尽乎辞的语言运用者,而非受制于劣质语言的被驱使者。我也相信,如果她们能在工作中习惯好好使用语言,所有的工作质量都会随之提升。

符合别人的期望

> 只要答应与别人同工，主事者的希望就是工作目标。
> 我很了解，只有合作才能达成目标，所以，思考如何符合他人的期望，我一点都没有卑微的感觉，那只是我对负责的具体表达。

写书之后，我因此有机会跟更多的人一起工作，有时是演讲的邀约、写专栏、办活动或采访；无论工作的模式是什么，我都会主动探询对方的工作目标，因为我想尽力配合。所以有好几个人在合作之后写信告诉我，他们对我的客气印象深刻。

客气与礼貌或许是因为我的工作概念而外显的态度，但我并不是想到人际之间应有的礼貌而特别客气的。使我不遗忘这些尊重的理由，是我对同工合作的基本概念——符合别人的期望。在一份工作中，我总在辨识着彼此的相对位置，只要工作不是由自己所领导，就一定会想到该如何尽力、该如何配合，才能"符合他人的期望"。

这样的态度过度谦卑吗？不会让人感觉我是一个没有独立见解的人吗？这些疑虑从来不曾成为我的问题。只要答应与别人同工，主事者的希望就是工作目标。

在合作之中，虽然我也会有自己的意见，但是，通常我会想，既是别人邀约发起的工作，他们必然已有自己完整的构划，尽量予以配合，那原始的发想才能完整地呈现。所以，如果主导者没有主动问我的意见，我就愉快地配合。因为在自己的工作场域中、当我主导着一件工作的时候，一样期待他人能成全我的计划。

记得有一次我送出期刊的专栏文章与照片，在排完版后，编辑写信很客气地告诉我:"艺术总监与主编有些意见想商量。由于这次专栏内容的主题特别,希望第一页的大主图在色调及摆设上可以更有节庆的感觉,不知道老师是否觉得恰当?如果老师也赞同这样的调整,是否可以请您拨冗再提供一张大主图?"

收到信的时候,我自己手边的活动与工作已经排满一整个星期,而补件时间又非常紧迫。但我立刻想到,每个人对于自己的产品质量都有期待,我既是受邀参与,就不能以自己的诠释作为意见的中心。虽然加拍一张照片并不像坐在计算机前改一篇文章那么单纯,因为我得先做菜、摆饰布置,但还是想办法抓紧时间把补件在一天之内送出了。不管我做得好不好,这起码使我感觉到负起了应尽的责任。

在合作中遇到意见不同时,我绝不会在工作紧迫间讨论主张或坚持自己的想法,我把重作当成是一种美好的练习。与人合作,如果觉得不能伸展自己的心意,之后不继续就是一种解决的方法;但不应该在工作的途中不尽力配合以为杯葛,更不应该一边抱怨,一边进行合作关系。

不知道是不是小时候妈妈常常对我说起"素直"的性格之美,还是我已经了解只有合作才能达成工作目标,所以,思考要如何符合他人的期望,对我来说一点都没有卑微的感觉,那只是我对负责的具体表达。这种配合他人的习惯,对自己也有很大的好处,它使我在工作中有轻松的心情,也有坚持的机会——我在自己的工作领域里坚持理想,在答应与别人合作时全力配合。

我希望Abby和Pony为别人工作时,无论在时间的遵守或质量的表现上也能尽力符合他人的期望,这是一种心智与性格的训练,也是一种负责的表现。

在工作中当别人的好朋友

在职场里,不要带着抱怨与不满上工,也要远离这样的朋友;
不要变成他人习惯倾吐怒气的对象,
要谨记别让轻易地批评变成不自觉的言语习惯。

Dear Abby and Pony,

这个叮咛对你们来说非常重要。不只是因为妈妈自己从中体会到的一个事实——诚心协助他人能使自己得到成长;更重要的是,在思考着要做一个对他人有益的朋友时,我们会主动排除许多不需要的情绪,这对快乐的生活很有贡献。

在职场里,不要带着抱怨与不满上工,也要远离这样的朋友;不要变成他人习惯倾吐怒气的对象,要谨记别让轻易地批评变成不自觉的言语习惯。尤其在众人相处时,附和他人的抱怨不是我们的义务。如果你真正把一个人当成朋友,就试着用鼓励帮助他克服不平,不要再加强他们的坏情绪。

没有一个人能在所有的工作中都事事顺心,不过,你们一定注意到了,眼光决定了人的言行。有些人在不自觉中习惯了培养怒气与恶意,他们把一件本可简单处理的小小事弄到天翻地覆;和这样的人一起工作,要把眼光定在工作之上,提醒自己不受影响。

在职场里,要学习专心看待工作,才能成为对别人有益的好朋友,也才不会错失工作态度值得学习的榜样。我们做每一件事都该有具体的目标,对于一心一意关心着目标完成的人,要敬重他们。要观察他们是如何以具体的建议、有力的协助、投入的行动,与他人一起同工,这样的人绝不会无事生波或任意诋毁他人。

有一天，我无意中听到两个打工学生的对话，一个对另一个说："我去年休学了一整年，整天都在工作，什么都做过了，所以我可以告诉你，打工是什么都学不到的。"我忍不住偏过头去看看这说话的孩子，她看起来是那么地理直气壮，但她身边的朋友却一脸茫然与担心，也许她正因为要做一个重要的决定，而去咨询有经验的小前辈。

工作了一整年、做过许多行业却觉得一无所得，这的确是个让人讶异的结论。不过，这应该也同时反映了这个年轻人的价值观，她不懂得思考工作与自己之间的成长互动。如果她真的觉得一无所得，我想这也绝非工作之罪，只能说很可惜，没有人教导她要挖深自己，以预备装盛成长的收获。

希望你们在工作中不要讲丧气话，不要夸大负面情绪，这是当一个好伙伴的重要条件。与年轻孩子一起工作时，我总是更谨慎地处理这些问题。

有一阵子，我发现外场有员工喜欢评论当天的客人谁好、谁坏，而且把这些感受当成影响自己工作心情的正当理由，于是我跟其他人做了讨论。我觉得我们几位年龄较长的资深员工应该要更注意自己的言行，不要让孩子从我们身上得到错误的印象。不错，虽然有些客人的确有无理的要求，比如说硬要带宠物同来，不订位却不接受客满的事实；但是我也发现，对同事传递讯息时，我们的态度有着关键性的影响，如果处理不当就会唤起更多的不满，然后大家会把批评当成工作的调剂。但，这到底有什么好处？

我们在批评的时候先会带给自己一份委屈与不快的感觉，在说的同时又常常延缓手中该做的事。我们同时会忘记平常创造美食的快乐，连原本预备呈现给他人的一片喜悦，都会在抱怨客人时被遗忘。总之，我没有看到任何一个理由，值得我们这样去做。

妈妈年纪越大，就越看见自己领导工作的态度会带给年轻伙伴什么样的影响。所以我也要提醒你们：用更正面的感受取代偶有的不快；如果要批评一件事，能不能做更专业的分析与建议，说出一个决定之后合理的观点，而不只是停在感受的论述。

有一次，客人没有预定素食却坚持要我们准备，在这之前，我们都因为考虑到客人的方便而勉强做了。做是做了，但因为没有足够的食材所以无法端出自己满意的食物，对于一个食物工作者来说，这实在是一种痛苦。那一天，我下定决心要开始拒绝所有临时的要求，但在做决定的那一刻，我也思考着该如何表达才不会给员工一种错误的印象。我希望她们了解：我们拒绝客人的要求并非因为自己的不快，而是希望客人尊重我们的专业。

我跟大家说："虽然客人告诉我们'随便弄一弄就好'，但在一家营业的餐厅里，烹饪是厨师的专业表达，厨房里的每一个人都很在乎自己做得够不够好，所以从今以后，我们不再接受没有预定的要求。这当然不是客人的错，却是我们可以坚持的原则。你们试着用最好的语言跟客人解释，我想他们应该会谅解。"客人能不能谅解当然因人而异，但是，在我们设立自己的准则时，没有必要先在心里升起防卫的敌意。

遇到需要沟通的问题也一样，预设别人有不合理的要求是非常不必要的。先用心把问题听完,再寻求可能的方式来达成协议。我最怕任何人用"受不了"来形容自己在工作中所遇到的问题。一个工作伙伴如果进来跟我讨论"该怎么办",通常再大的问题都可以得到完满的解决,因为他们对事不对人;如果进来说的是"我受不了那个客人",那我就非得亲自出去处理不可了,对人不对事只会强化问题的复杂度。

工作经验年年增加之后,我除了从别人身上学到许多好的工作态度,更发现每一个人都能在工作中当别人的好朋友或好的长辈。希望你们也要思考与他人同工的意义,做一个工作中的好伙伴,一个可以用心、用行动支持他人的好朋友。

抗 拒

在工作中，如果疑问与对立的想法超过了应有的比例，
因而阻碍了自己的学习、应用或实做的机会，
"抗拒"就成了自己成长的损失。

小米粉决定带着庭宜从台南移居来三峡跟我一起工作之后，曾告知我的好友月仁。据小米粉说，月仁听到之后很高兴，她不只赞成小米粉的决定，还说了几句话作为远行的祝福与建议。小米粉要我见到月仁时转告她说："何老师的话，我记在心里了。"

月仁对小米粉说："你决定去Bubu老师那里跟着她学习，就照着她教你的方法专心去做，不要抗拒。"

"抗拒"，听起来好严重的两个字，我起先有点讶异月仁的说法，但仔细想过她的话之后，却不得不说，这两个字精准地传达了我们与工作思维或工作人际常有的心理拉扯。

二十二年来，月仁与我最常分享教养与工作的心得。我们都是既要照顾家庭又尽力工作的母亲，虽然领域不同，但因为观念非常接近，总能成为彼此的鼓励。

月仁是科学家与优良导师，即使在她还有两个孩子要照顾的阶段中，我也总是看到她花费许多精神在学生身上。她的爱是自然流露的，因为她爱这个社会，所以常常担心那些刚上大学的新生或就要实习选科的高年级医学生彷徨的心情；好几次她跟我分享辅导学生的经过时，我也深受感动。

爱孩子的人就自然对成长的心灵有入微的观察。当月仁对小米粉提起"抗拒"这两个字的时候,我想这有感而发的劝告,是从多年来在她实验室里进出的助理或学生身上得到的感想。也许,抗拒是一种再真实不过的工作情绪,也是一种最不必要的挣扎。

我也带过这样的工作者,说不清为什么,但一眼就能感觉出他们面对工作时,很容易跟自己的心情拉扯。有一次我忍不住问一位不能顺服接受指导的新进人员,我想知道为什么连一件非常简单的事,对她来说都难以接受?

她听完后,理所当然地回答我:"这就是我的工作习惯,我就是非要把一件事情弄到清楚才能动手。"

真心说来,这不是一项不好的习惯,问题在于经验不足的人有时连很简单的道理都无法推理。缺乏了解最容易导致误会,或许,比先弄清楚更重要的是从努力工作、从最基本的经验中累积一些了解再说。我劝她何不动手做做看再来讨论?这不也让彼此在讨论时多了一些基础吗?也或许在做的过程中,她自然而然就懂得了其中的道理呢!

我想,月仁口中的"抗拒",指的应该是一个人在还没有完全纳入工作轨道前的自我挣扎。那些挣扎或许并非完全没有道理,但是如果疑问与对立的想法超过了应有的比例,因而阻碍了自己的学习、应用或实做的机会,抗拒就成了自己成长的损失。

让歧见停在最好的点上

爱事的习惯,总是在谈论与处理中花掉许多可以利用的宝贵时间。
生活中总会有歧见发生,尽量要求自己合情合理来简化问题,
不要因为有人同意你的委屈,而让问题扩大或复杂。

Dear Abby and Pony,

早上跟舅舅喝完咖啡后,我们准备各自去工作。分手前,舅舅说:"我今天要去开除一个员工。"

"为什么?"我讶异地问道,走出电梯前,他只匆忙丢下一句:"我不跟兴风作浪的人一起工作。"

兴风作浪!我一下就懂得了这句话在职场上的意思与所带来的困扰。但因为这是一个非常模糊的思考界线,所以,妈妈想用一些具体的工作实例,来跟你们讨论这件事。

如果我们想要更快乐,无论是生活或工作,一定要学习让歧见停在最好的地方。如果你们想问,什么能帮助歧见停在好地方——我的回答是:"理性"。

小时候,母亲对我们有一项非常好的教导——不能爱事。所谓"爱事",在孩童时期最常有的状况,大概就是因为爱热闹、喜欢焦点,习惯把小事说成大事、喜欢夸张不实。明智的父母因为担心孩子长大后会养成喜欢搅和、唯恐天下不乱的性格,所以这方面的管教特别严格。虽然没有恶意的夸张或许无伤大雅,但大人远虑,不让这种思考方式在无意中慢慢变成性格,因此带给我很好的人生礼物。

长大后发现，人每天在工作中与生活里，都要决定自己对一件事情的想法或态度；如果爱事、喜欢用唯恐天下不乱的观点来解决，就像去揉一团毛线球，工作与人际关系一定会越来越复杂。而且，如果仔细估算过，爱事的习惯，总是在谈论与处理中花掉许多可以好好利用的宝贵时间。

所以，如果在工作中遇到无法好好合作的同伴，要让事情简化，直接寻找可以同工的方法，千万不要绕远路，让问题越来越糟糕。

有一次，一位员工私下来跟我沟通她和一位工读生合作不顺利。一向以来，我并不鼓励大家为了工作的事私下来找我，在我主持的工作场所里，所有的事都应该可以公开讨论，我们需要让别人了解自己期待的协助与合作的方式，但那位员工却坚持要私下谈。

她说了很多、很多，为了证明自己的感觉并非没有参考价值，所以她告诉我，连另一位员工也不喜欢这位同事的做事方式，常常私下跟她抱怨同样的状况。

当天下午，我找来所有的工作伙伴，第一句话就表达了我的失望。因为，我一直以为在一个期待开诚布公的工作环境中，直接沟通是一条同心合作的快捷方式，没有想到大家在私下如此费力。

基于一种强烈的责任感吧！我当场跟另一位同事说，我一直非常欣赏她的努力与待人的诚恳，如果她对其他的工作伙伴有任何微词，应该直接给她有用的工作建议，在工作中当一个好前辈。我不懂为什么她不但没有这样做，反而去跟其他的人抱怨，然后再让话传到我的耳中呢！我要她好好想想这对解决问题可有帮助？

过了几个月后，我收到这位员工给我的生日卡，她在当中写了一段话，说谢谢我告诉她不该在背后对其他人的工作有怨言。她从来没有想过直接说会更好、更简单，现在知道了，自己也觉得学到很重要的观念。

这些话让我感到很安慰，如今大家了解，不同的意见也可以得到协调，不需要转成对立或背后的抱怨。

在生活中总会有歧见发生，我们要尽量要求自己合情合理来简化问题，不要因为有人同意你的委屈，而让问题扩大或复杂。

记得有一天，妈妈从店里的网站收到一封信，信的内容如下：

您好：

我是紫京城的住户，因为我看到丢错的垃圾会顺手分类好，经常在倒垃圾的时候，会看到贵餐厅丢弃的垃圾（因为有餐纸很容易分辨）。主要的问题是：关于垃圾分类，贵餐厅似乎一直都没做好，整大包丢进去，纸类、塑料盒以及蜡烛、罐头等全都塞在一起，放在纸类回收处。尤其是餐垫纸里掺杂着开大罐头所切割下来的铁片，很容易让回收人员受伤，甚至还有些厨余掺杂其中，这样会很臭。垃圾收集区里有清楚的分类项目，可否请负责倒垃圾的人员随手分类一下呢？

实在是看到太多次了，忍不住写信告知贵餐厅⋯⋯谢谢⋯⋯

对于这样的一封信，我的感受是什么呢？——一阵脸红。

我们的垃圾虽然有分类，却总是因为太忙而忽略细节，如今受到抱怨，又有什么话可说。我只能以最快的速度回复信件，并马上跟大家讨论，要如何解决这个问题。我的回信如下：

亲爱的芳邻：

非常谢谢您恳切来信中对于垃圾分类的提醒，对于过去几个月来没能彻底做好的部分，我们深觉惭愧与抱歉。收到信后，我把信印出贴在厨房的布告栏里，我希望、也相信所有的工作人员从此之后会在即使忙碌快速的工作节奏中，也尽力注意这个重要的环境卫生问题。

我们很高兴能与您为邻，得到您的提醒和劝告；相信这栋大楼因为有您的关心，而会更友善美好。

敬祝 安好！

Bitbit Café Bubu敬上

有一天，听闻此事的另一位邻居问我："听说有人抱怨你们的垃圾分类，而且态度很不好！"我很讶异她得来的错误消息，连忙跟她解释说，没有这回事！这本来就是我们的错，指正的人说的都是事实。我把贴在布告栏上给员工看的来往信件拿下，请她过目，然后再告诉她："我们的垃圾处理问题从此之后有了很大的改进。"

Abby and Pony，妈妈想说的就是这样的观念。想想看，一个停在正确点上的歧见不只促使我们进步，也节省了许多时间。希望你们在生活与工作上也要如此简化自己所遇到的问题，以理性的思考好好接受他人的劝告。

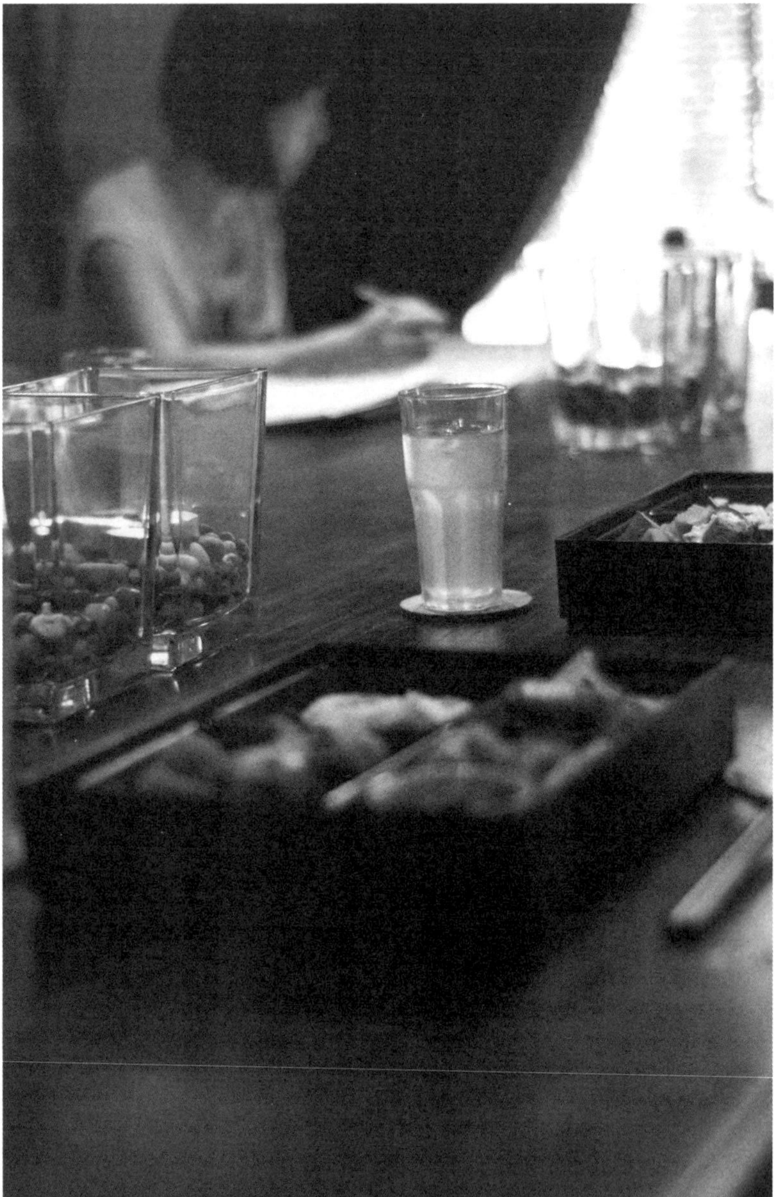

展开独立的翅膀——Abby的工作日记

父母能给孩子最好的礼物,不是生活的保障,

而是不因变动而永远存在的能力。

很久以前,我就这么告诉自己:

父母无法为孩子开出一条人生坦途,

但我一定会支持她、并欣赏她的努力。

暴雨狂风跟晴光好日一样重要,

我不想只当孩子的抚慰者,

只愿自己不要忽略她值得肯定的勇气。

独 立 的 开 始

Abby上大学之后,"了解与面对现实",是我们要教给她的第一件事。我并不担心父母的"物质给予"会成为孩子对"爱"的计量,相信我们给予的精神支持与生活照顾,才是这个家庭最丰厚的资产。

我母亲婚前家境很优渥,所以在她的年代里,家里有足够的资源让她受很好的学校教育。据说早逝的外婆不只手很巧,头脑更是清楚,家里虽有佣人,但要求阿姨和母亲一定要把家事扎实地学好,绝不因为她们读高等女中,而放松生活能力的教导。在母亲转述外婆的教育观念中,有一句话对我来说非常重要——就算我有婢钱(台湾话的意思是请得起佣人的钱)给你,你也未必见得有使婢差奴的命。

她说明了父母能给孩子最好的礼物,不是生活的保障,而是不因变动而永远存在的能力。

虽然我与早逝的外婆无缘见面,但是每当母亲谈起外婆的时候,我总会心生仰慕之情;最大的说服力,当然是因为她把我的母亲养育成一个非常坚强、对自己的人生完全负责的女性。母亲头戴斗笠、如土牛一样掌管砖厂十八年的身影,与翻着日文杂志为我解说生活的优雅柔美,永远并存在我的脑中,也为身为女人与母亲的丰富面貌做了最好的诠释。

Abby高中毕业后,虽然获得许多美国名校的录取,但是对于她的教育,我们并没有因此而松下一口气,因为成绩不是我们对教育唯一的想法,上知名大学也不是我们培养她的终极目标。那个新的学程才要开始,真正关键的教育还没有发生影响的作用,谁能认为孩子上了常春藤的大学就是一种成功?

Eric跟我时常谈起，无论东西方的大学，现代教育全都偏重名声、知识、金钱、资源与专业训练，对锻炼人格的部分恐怕全都不够尽力，也力有未逮。所以，为了延续我们的关爱与教育，对Abby的大学生活，我们时常有深刻的讨论。

"了解与面对现实"，是我们要教给她的第一件事。

美国专栏作家Abigail曾经说过一句很好的话：

If you want your children to keep their feet on the ground, put some responsibility on their shoulders.

要子女脚踏实地，先让他们负点责任。

这责任的界定，恐怕就是天下父母最大的难题。放多了，会不会压垮她？放少了，也不过是一种形式，求得一点安心，知道自己总算有心于教育，但心知成效或许不大。

也许是因为我自己的经验吧！我并不担心父母的"物质给予"会成为孩子对"爱"的计量，我们相信，十八年来所给予的精神支持与生活照顾，才是这个家庭最丰厚的资产。

Abby去美国上四年的大学，学费连同生活费，根据学校的初估，换算成台币是六百万。三年后再加上妹妹的学费，总计就是一千两百万台币的支出。花一千两百万培养两个孩子上大学，对某些家庭来说可能是不痛不痒的；对某些家庭来说则是愿意咬紧牙关，为换取这个学位与教育机会而在所不惜的。但是，对我们来说，却两者都不是。

我们不觉得自己要倾其所有让孩子去上一所好大学，这并不是唯一可以对孩子示爱的方式。而如果一对父母愿意付出六百万，孩子却不好好珍惜这样的学习机会，其中的遗憾就无法计算。

从建立这个家庭开始，我们的生活运作有一个从不改变的主轴——互助与体贴。永远都是如此，一个人在为家庭劳动时，其他的人绝不会坐视不顾。如今，自付学费的问题，就要从家庭的小互助往上延伸到大笔金钱的考虑，这也是我们全家在学习金钱资源分配上的平衡问题。

这是真正面对现实的第一课。我们不想透过金钱完全的支持向孩子证明对她们的爱无怨无悔；这应该也是我们对家庭爱的一种信心与安全感——并非是供应不起的父母就比较不爱孩子。

面对现实的第二课，是提前帮助Abby了解，走出校门后的实际生活。

就在Abby要去上大学的前两个月，我们与一位朋友相遇，她跟我们分享了许多教养的经验。在新加坡的时候，我一直希望能认识这位朋友却擦身而过，还好在台湾相遇了。

我很想认识她，是听说她的女儿去了康乃尔大学之后，用功到不曾注意校园的美景。当时，我们身边有一些朋友的孩子都在美国上名校，但大学生活时有失败的借镜。我多么希望在Abby上大学前能听到更多有益、深入的建言（而不是"哎呀！大学本来就是好好玩它四年"这类的话），我希望在她上学前，我们都已经做好各种准备与心理建设。

拜访之后，我把一个重要的讯息传递给Abby。大姐姐毕业那年没有顺利申请上研究所，所以决定回台湾找工作。她当研究助理，一个月领两万多元，在台大附近租个单人套房就要一万多，生活勉强可以维持平衡。姐姐很乖，她不愿意接受家里的资助，非常用功于研究，把生活过得简单充实（好消息是，今年她已拿到奖学金，要去卡内基大学直接攻读博士）。

这个经验让我们更进一步地确信，如果能早一点让Abby了解，出了校门之后，社会有各种各样的困境实景等着她面对，无忧无虑的大学生活只是一时的安全之岛，该如何善用四年培养自己的能力，是很重要的功课。名大学镀的那层金光一刮就下，不会有多大的保障。实力最重要，而从学生时代就逐渐了解实际生活的压力，也不是一份过早的学习。

我跟Abby说，金钱上的独立是精神独立重要的指标。我知道一个大孩子不会愿意常跟父母伸手要钱；而一个有自尊的孩子，也绝不希望父母对自己说出"如果你不乖乖听我的话，我就不会帮你付学费，你看着办好了！"这种以付出来模糊爱的语言。

我相信这些道理对她来说，是可以理解并接受的。

Abby把大姐姐的经验听进去了，她开始认真思考我们讨论的问题，并立刻询问学校工作的可能。她努力准备维修计算机的专业知识，读书、动手拆卸机器，通过在线的测验，拿到一份工作，把"愿意"化成"行动"，以行动作为成长的阶梯，稳稳向上攀登。从她陆续写与我分享的工作日记中，我看到那份从小为她根植的责任感，已慢慢活化在她远离我的生活中了。

注：这个部分收录的十篇Abby的工作日记，之所以决定以英文印行，是因为这些年来Abby都生活在英文的环境中，她习惯以英文书写心得，保留英文只为忠于她的原著。后来当盼盼与我思及读者需要更方便的阅读，这些文章应该也翻译成中文时，我们决定先由Abby自己翻译，我们再帮忙补正。

The Flight out of San Francisco

My flight out of San Francisco was speeding on the runway, gathering strength for its takeoff. I pulled on my seatbelt to make sure it was fastened properly. In my mind, I began to run through a checklist of things I should have completed before leaving the US. A final review, just in case.

As the ground trembled beneath me, I suddenly began to wonder whether I had locked Andrew's door or not. My friend had been kind to let me stay with him the entire week of my visit. Even though he had to leave early for work that morning, he invited me to entertain myself in the apartment until departure time —provided that I would remember to lock the apartment before going away. But when I thought about it again, I was not sure that I did.

Frantically, I began revisiting the moments before I left for the airport. I saw myself dragging two oversized bags down the stairs, then holding up my hand to flag a cab. No, I needed an image from earlier still. I saw myself then, standing at Andrew's door, already a bit out of breath, my body bending under the weight of all my possessions to be carried back to Taiwan. There I was, my hand on the doorknob. But did I, or did I not lock it? However I squinted at this scene, I could not make out the details. Blood rushed to my head. Thoughts exploded.

What if, what if ...

The flight was in the air now; I thought about the thieves who had just discovered Andrew's apartment. Soon we were passing through thick layers of clouds; those thieves were carrying his HD flat screen down the stairs. The seatbelt sign above me went off; that heartless gang, they took the black Macbook too, sparing nothing. An air stewardess stopped by with her cart and asked if I wanted a drink; No, not the speakers, please!

But I couldn't possibly have forgotten, could I?

I tormented myself. Supposing the worst had happened, I began to calculate if I would be able to pay for all the damages caused. I had always loved Andrew's collection of high-end electronics. Now, I wished he didn't own any. How long would I have to work to pay off everything? This question in turn led me to the thought that I didn't have an income at the moment, and would probably not for a while, since I was starting a new business. So would I have to borrow the money? How much interest would accumulate before I could break even? Would I ever break even?

And so on, and so forth. As anxiety snowballed to the distant future, I envisioned one failure falling into another like dominos. A slight turbulence jolted the plane. I quickly gripped the handles and felt panic devour me. There was no phone, no internet, no way of warning Andrew. Forget about prevention, I didn't even have the means to learn of the aftermath.

In midst of this frenzy, I caught a glimpse of the flight path on my screen. There were still twelve hours before I could be in touch with the world again. What was I going to do with all that time? A better question was: what was there to do?

I appreciate these extreme situations for the simple illustrations they make of our choices. At this point on the plane, I could either panic for the rest of my flight to no avail, or I could discipline myself to drop the matter until action could actually be taken. Whether I was going to spend the next few years working to repay Andrew or not, for the time being there was nothing I could do to change the consequences. I could however, still enjoy a pleasant flight. I might as well, since beating myself up for the next dozen of hours was not going to save me, and might actually make me too tired to deal with the issue effectively later on.

I admit, there is a certain comfort to anxiety. We so emotionally exhaust ourselves that it seems as though we are doing something grand for the matter at hand. But in this case, it's clear to see that the energy I was spending on worrying had no real impact on the situation. Think then, of all the other times when choices are less obvious but the truth still constant. Think, of the distress we oft put to waste.

When that moment of clarity struck, I took out my notepad and wrote down exactly what actions I was going to take once I landed — I was going to check my email first to see if Andrew had sent me any messages, then I was going to call. On my piece of paper, I assured myself once again that everything needed to wait until I reached my destination. It was useful to hold onto such a concrete reminder; for the rest of the trip, whenever I felt another surge of panic, I would take out my list and remind myself that everything which could be taken care of, had already been. With that, I willed myself to relax.

I think back to this flight often. In the few months since returning to Taiwan, I had moved into my own apartment, launched a business, contributed to this book, and continued to plan multiple projects down the road. Sometimes I feel overwhelmed, but whenever I sense myself paralyzing by a stream of "what ifs", I would recall the choices I faced on that plane out of San Francisco. Though the details may be different, the challenge is still to find essence again among distractions, and to do what counts.

Perhaps I should mention that much to my relief, but to the anticlimax of this story, I did lock Andrew's door after all.

在混乱里找回重点

当我感觉到自己被许多可能缠到动弹不得时,
我会记得在那趟飞机上所面临的选择。虽然细节不同,但挑战却是一样的:在混乱里重新找回重点,并且采取真正有效的行动。

从旧金山出发的飞机正在跑道上急驶,聚足马力准备起飞。我拉一拉安全带,确认系紧后,便开始在脑里一一回顾离开美国前该办的事是否都已做完。以防万一,我在心里做了最后的检查。座椅下的地面继续震动着,我忽然开始怀疑,自己没有把Andrew的门锁好。

我的好友很慷慨地让我在拜访旧金山这一整个礼拜寄住在他的公寓。我离开的早上,他很早就得去工作。虽然如此,他让我待到离开时刻,只请我在走之前,要记得把门锁好。回想起来,我不太确定我上锁了。

慌乱中,我开始寻找搭出租车前往机场之前的回忆。我看到自己拉着两个巨大的行李走下楼梯。不,我需要更早一点的回忆:在Andrew的门口,我已经有点喘不过气,身体因为行李的重量而弯曲。我就站在那里,手在门把上。可是,我到底有没有锁上它?不管我怎么眯眼检查这些影像,就是看不到自己希望的细节。

我感到血液直冲头部,一连串的想法在脑里不断爆炸。如果……如果……

飞机已到了半空中。我想象小偷已经发现Andrew那未锁上的门。我们正穿越厚厚的云层,而那些小偷正扛着他的HD液晶屏幕下楼。上方的安全带灯已经熄灭。那群没良心的家伙,把黑色的苹果笔记本电脑也带走了。一位空中小姐推着一车的饮料,问我想喝什么。不!拜托不要拿他的音响!

我不可能忘记把门锁上吧,可能吗?

我百般折磨地不断问自己。

就假设最坏的事已经发生了吧。我开始计算是否有能力赔偿所有的损失。我一向羡慕Andrew收藏的高档电子用品；现在,我真希望他从没有过这些东西。我到底要工作多久才能赔偿这一切?问到这里,我又开始想到目前自己连收入都没有。所以我会需要借钱吗?在我有能力偿还之前,利息又会累积成多少?

当忧虑像滚雪球一样直奔长远的未来时,我看见自己的沮丧如骨牌般倒塌绵延而来。飞机忽然因一阵气流摇晃,我赶紧抓着一旁的把手,感觉好像快被慌张吞没了。这里没有电话,没有网络,没有任何一个可以与Andrew沟通的方法。我连想打听事后的惨况都不能。

就在这片混乱中,我看到了前方屏幕显示的飞行航线。还要十二个小时,我才能再度与世界联结。这么多时间,我该如何是好?更好的问题是:我到底有什么事可做?

我面临了极端的情况,它使我得清楚地面对问题的选择。此刻,我能够毫无用处地在整段旅程里继续焦虑；或是,我可以要求自己把事情先放下,直到可以采取下一个行动时再将它扛起。这个选择涉及的,是我能不能够把每一个时刻都做最有益的分配。我的后几年到底会不会因为得赔偿Andrew的损失而需要更辛苦地工作,不是我在这个时刻可以改变的事情。但我可以好好飞完这趟旅程。这样也好,因为用接下来的十二个小时来谴责自己，不但不能救我脱离困境，反而可能使我在真正解决问题时所需要的体力，因此而全部耗尽。

我承认，焦虑会给人某一种程度的安抚，似乎我们在情绪里磨光力气，就觉得自己对事情有某种程度的尽力。但在一个完全封闭的此刻，我很清楚看见，担忧对于事情没有任何影响。那么，在其他同样的时刻，是否我也在无法改变的事实中浪费掉许多精力？

当我想清楚了事情的真相，我做的第一件事是拿出笔记本，一一写下降落后我要采取的所有行动。我要先开email看Andrew有没有给我来信，然后我要打电话给他。这些事都得等到达后才能办。接下来的飞行途中，每当我觉得一阵焦虑又袭击而来的时候，我就再拿出单子提醒自己，眼前所有能做的事，我都已经做了。

我时常回想当时的心情。在回到台湾的两个月里，我没有浪费任何时间，搬进了自己的公寓、开创了新事业、整理文章给这本书，也同时一直在安排后几个月要实施的计划。有时，我的速度与我所想做的一切，会忽然使我觉得招架不住，但是，当我感觉到自己被许多可能缠到动弹不得时，我会记得在那趟飞机上所面临的选择。虽然细节不同，但挑战却是一样的：在混乱里重新找回重点，并且采取真正有效的行动。

也许我该提到，Andrew的门的确好好锁上了。以故事情节的发展来说，这虽然有点虎头蛇尾，不过，我真的松了一口气。

· ────── 妈 妈 的 话

人生最大的功课，就是我们和困难的相处，而焦虑的情绪大概是每个人行囊里少不了的重负。我可以想象，Abby在离开旧金山那一刻，不只是想到那扇未锁的门、那可能需要的赔偿或对朋友信任的辜负，也许真正交织在其中的，是她对于自己不可知未来的重重忧虑。她离开大学，回到陌生无比的家乡要开始创业，可以想象忧虑、恐惧是远远多过兴奋与信心的；但那份需要克服的艰难对她来说也一定不陌生。

我觉得自己又回到一九九六年带她离开台湾转学去曼谷的心情。这个在美国念完大学的远行孩子再回到我的身边时，使我有了重为母亲的感觉。不同的是，我比十二年前宽心许多，知道虽然她赤手空拳要开始新的奋斗，但就人生的历练来说，她已受完某些成长的训练了。四年前，我们让她从经济开始练习的独立，此时对她来说变得格外有意义。她不但了解人生有种种成本，也彻底体会奋斗是人人都要面对的生活磨合；一如她从飞机上那一刻到与忧虑共处的方法："在混乱里重新找回重点，并且采取真正有效的行动。"

Pony曾经跟我说，对Abby而言，她回到台湾，就像搬去一个全新的国家一样陌生。她不认识台北，即使大家都说着她也能流利表达的中文，但当中的感觉与情调或许对她来说竟是生分的。我很谢谢Pony这样提醒过我，才使我常想起要跟从前一样，怀着满心的祝福与爱，看着她再出发。

我提醒自己只做"该"做的事就好,不要忘记爱有"相对"与"绝对"的位置。母女情深是我与她的"相对"位置,无论她多大、我多老,那爱都不曾改变,却不能永远以同样的形式、同样的嘘寒问暖来运行。"成人"是她在自己人生的绝对位置,我不能忘记这个事实。我不断提醒自己,不可荒废重为母亲时更为成熟的功课与自己心中曾有的许诺——母亲不是让你倚赖的人,而是使你无需倚赖的人。

Abby在文中说道:"我承认,焦虑会给人某一种程度的安抚,似乎我们在情绪里磨光力气,就觉得自己对事情有某种程度的尽力。"这是我们面对生活时最常有的心态。这几年里,我没有一一问她遇过什么挫折,受过什么委屈,因为,暴雨狂风跟晴光好日一样重要,我不想只当孩子的抚慰者,只愿自己不要忽略她值得欣赏的勇气。二十出头的Abby能有这样的自省,想必是跟自己有过美好的征战,知道人生的力气不能白白花费在不必要的地方。在当自己的敌人与好友之间,她显然已做了明确的选择。

Sad Cookies

One night, while I worked at my office in the Daily Pennsylvanian building, a co-worker wandered in for a visit. I was staying after hours at the time, trying to tie up loose ends. I imagine she must have been doing the same. When Stephanie came in, we chatted briefly, then she asked if she could sit around for a bit. I said of course, as long as she didn't mind that I had to continue working.

So there she sat, across from me. Out of the corner of my eye I could see her playing around with the different objects on my desk, from post-it notes to the stapler. I looked up again from my screen just in time to witness the delight on her face when she discovered a box of Nutter Butter (I had bought the cookies earlier that afternoon for the long hours ahead). Stephanie picked up my snack and examined it so carefully that I felt it would be wrong not to share.

"Really? Can I really have some?" She seemed surprised when I offered.

I nodded. To prove my sincerity, I ripped open the package and took out a piece for her. She smiled, but as soon as her fingertips touched that cookie, Stephanie broke down in tears.

"Stephanie…" A bit shocked, I instinctively patted her on the back. "Stephanie, it's only a cookie." That was all I could come up with at the time, even though I understood immediately why she was crying.

We were at the end of the semester. School projects and exams were keeping us up late at night, but the Daily Pennsylvanian was still publishing every day. The reality of our job could not be dismissed just because we needed more time to study. As members of the business staff, we knew that every sale we missed would accumulate, and for a daily paper like ours, the damage added up quickly. There was no breathing room here. Nothing waited for us.

Stephanie shoved the bits of cookies into her mouth and continued sobbing. "It is so hard." she chocked.

My nose tickled. To cover the fact that I was starting to tear up too, I reached for a cookie as well. Encouraged by my participation, Stephanie grabbed a few more and quickly pushed them all into her mouth, then she cried some more. "I'm tired."

We were spent. It happens. What matters most is how we recover from those moments, and how quickly. Stephanie and I sat side by side in the empty office, feeling sorry for ourselves, feeling helpless. It was getting late; we had some more business to finish up, then hours of schoolwork still ahead, but we didn't want to move. We swiveled in our chairs and munched on more cookies.

This could have carried on for the rest of the night, and perhaps several days after that, except we were lucky that we still had a sense of humor about us. In midst of this tragic scene, we suddenly noticed each other's swollen eyes, chipmunk cheeks, and the cookie crumbs everywhere (since no one who is properly in distress should be bothered to clean up while eating). It took us a few seconds to re-align this sight with ourselves, but when the connection clicked, we laughed. I don't remember who started, only the giggle soon grew into full-blown fits of laughter — the ridiculousness we had just been through! We bent over, laughing like mad women until I could no longer tell whose voice was whose.

We quickly remembered however, that we still had much left to do, and that we had been bingeing on cookies and crying and laughing; in other words, not getting those things done. We laughed a little less at the reminder, and started packing right away. When I walked out that night, I did not feel light all of a sudden, but I felt better. I think it was because we had made decisions about what to do after the crying.

伤心饼干

我们两个都精疲力竭,但这是难免的。
在这种时刻,唯一重要的是,
我们该如何地再度爬起,还有我们能够多迅速地恢复。

在《宾大日报》工作的一个晚上,我因为加班而留在办公室里。我的同事想必也因为工作没做完而留下。她晃到我的办公桌边时,忽然对我桌上那包刚买的饼干非常感兴趣,拿起盒子仔细研究包装的举动使我觉得,如果不请她吃一片就太不应该了。

"真的吗?真的可以吗?"她似乎很惊讶。

我点点头。为了要证明自己的诚意,我马上把包装打开,并拿出一块饼干给她。她笑了,但是就在手指头碰到那块饼干时,Stephanie忽然号啕大哭了起来。

"Stephanie……"我拍拍她的背,"Stephanie,那只不过是一块饼干而已。"我当时只能这么说,虽然,我马上了解她为什么会这样哭泣。期末已经逼近,我们因为有许多作业和考试得天天熬夜,但报纸依然每一天都要上市。摆在眼前的状况是,我们不能因为自己需要更多时间读书而更动事实。身为报社的商业职员都了解,每一桩疏失的买卖都会影响到公司,也因为我们是份日报,这损失将会快速累计,我们没有可以喘口气的空间,时间是不等我们的。

Stephanie把剩余的饼干屑塞入嘴里,继续哭泣。"真的好辛苦。"她哽咽着说道。

我的鼻子感到一阵酸，为了掩饰我的眼眶也开始红了，我赶快伸手拿了一块饼干。Stephanie好像受到我的鼓励一般，自己又拿了几块，全部吃掉之后，又继续哭，"我好累。"她说。

我们两个都精疲力竭，但这是难免的。在这种时刻，唯一重要的是，我们该如何地再度爬起，还有我们能够多迅速地恢复。

Stephanie和我就这么排排坐在空洞无人的办公室，自怜无助。时间已经晚了，而我们还有一些工作要完成。之后，我们又得整晚做功课，但此刻却没有人想动，只是继续旋转我们的椅子，继续拿饼干。

也许我们可以整晚一直这样下去，也许可以几天后还困在这个难过里；幸运的是，我们似乎还保留着一点幽默感。在这凄惨的情景里，我们忽然看到对方红肿的眼睛，塞得满颊的松鼠脸，还有掉得到处都是的饼干屑（真正难过的人是没有心情边吃边整理自己的）。我们花了几秒钟从眼中看到的画面联想自己的样子，在影像重叠的一刹那，我们突然都笑了出来。

不记得是谁先开始的，最初的那声咯咯笑很快变成了一场大笑。我们无法相信自己之前竟然会那么地傻，此刻只弯着腰像疯子一样无法停止地笑，完全无法辨识哪一个声音属于谁。

我们很快记起自己还有许多该做的事，而眼前却只在这里大吃饼干、哭泣然后大笑，一点进展都没有。想到这里，我们的笑声渐渐收小了，不得不起身收拾东西。

那晚，我走出办公室时并没有感到特别的轻盈，但确实觉得好多了。我想那是因为我们在哭泣后，都决定了自己下一步该做的事。

・────── 妈 妈 的 话

重读这篇文章,让我想起Pony曾经跟我描述过的一件事。在她去RISD的第一个学期末,有个晚上她在宿舍楼下的工作室画图,有人走进来给她一点意见,然后走了;不久,又有几个朋友经过,问她这里何不如此做、那里也许可以这样改。顿时,她觉得沮丧极了,这份功课似乎做得很不顺利。不多久,她的一个同组的同学也来了,带着自己的功课,跟Pony一样搁浅在构思中。她们谈了谈功课之后,突然两个人不知道为什么都哭了起来,那眼泪来得如此理所当然,只为带走所有的压力与烦恼。

"哭完之后呢?"我问她。

"好过多了,虽然觉得自己有点可笑,但真的好多了,我们一起重新开始做那份功课,很奇怪,哭完后就觉得不那么难了。"我想,眼泪并不是带来新的能力,但它或许真的能冲走一些累积在心中的困倦与忧虑。哭是一个人最无助、最真诚的原貌,看到了自己无助的那一刻后,反而有了一种新的自省:"我就只能这样继续下去吗?"生活幽微中的遥远之处忽然出现新的曙光,你知道自己无论如何得开步走,才能穿越那横在心中的曲径幽谷。

每个人都有自己的压力,孩子也一样,并不是丰衣足食就一定无忧无虑。上大学之后,我知道Abby要在课业、工作中维持平衡的生活有多么不容易。作为父母,心疼是当然的,不过,我想得到的分忧,并不是叫她不要工作,只要好好念书就行;而工作到什么程度,"刚刚好"可以教育一个孩子的成长,也不是我所能掌控的。我只愿她面对生活时,心中的坚强能与日渐增长。很久以前,我就这么告诉自己:父母无法为孩子开出一条人生坦途,但我一定会支持她、并欣赏她的努力。

Abby入学的宾大有很多富家子弟。我好奇美国的家长是否与亚洲的父母一样宠爱子女,他们打不打工?有一天我问起Abby,对自己既要读书又要工作是否觉得喘不过气来,她跟我说:"我所认识的朋友中,每个人都有工作。"为了解除我的讶异,她接着说:"就某一个角度来看,这已经不是需不需要钱才打工的问题了,它象征的是,我们是不是一个真正独立的人。"她的话使我感觉到,那份独立已经从我们想给的训练,完全转化成她主动的自我建构了。

我心中牢牢记得第一天带Abby去宾大上学的情景。入学前她已申请好工作,虽然才是新鲜人,却同时开始工作集训。分手的时候,爸爸帮她在宿舍前拍下一张穿着短裤与IT工作服,应我们之唤回眸一笑的照片。那张照片我一直留在身边,常常拿出来回顾当时的心情。贴身照顾了十八年后,要把她放在千里迢迢之外的美东开始新生活,她一定有些紧张、孤独与害怕吧!可是,当我一想到她还有工作时,心里竟安定许多。我知道她的生活里会有不同的、可以专注的依附来帮助异国生活的适应。果然,四年来,她不只好好度过,也学到了自我平衡的方法。她不只读书、工作,也以优等学生毕业。

看到这篇文章的时候,我不是只有心疼,还看到一份每个人都需要的生活力量——劝勉自己渡过困境的力量。Abby领悟得很早,我真心替她感到高兴。

Interruption

We were all impressed by Justin when we first interviewed him. My co-managers and I could tell how motivated he was just by speaking with him over the phone. He seemed like the ideal IT Advisor for our residential hall.

And he was. When he showed up for training, he was every bit what we had imaged: driven, charming, and skilled at our line of work. Overall, we were very pleased with our new team, which worked seamlessly together for the first few weeks; our efficiency often won recognition from the headquarter.

Sometime in the middle of the semester however, Justin began to skip shifts without notification. Surprised, we gave him the benefit of the doubt and refrained from pursuing these incidences, hoping his dedication would soon return. We were disappointed to find that instead, he quit showing up for work altogether and when we tried to reach him, the boy was nowhere to be found.

We learnt somehow that Justin had disappeared because schoolwork was catching up to him. At the time, he was working on a massive project that required lots of coordination outside of class. We knew about the difficulty of this assignment — it was well-known around Penn. Still, his absence was affecting the team. Our work did not stop when an IT Advisor needed more time for school; clients continued to demand services as problems accumulated, all regardless of our personal circumstances. I finally wrote Justin a serious email on behalf of the management team:

Dear Justin,

We are concerned about your continued commitment to the ITA program. We understand that you are involved with various other activities. While we are glad to learn that your first year at Penn has been so eventful and rewarding, as your managers we must remind you, the priority of your ITA duties.

Justin, shift swapping is meant to provide temporary solutions to occasional schedule conflicts. Its purpose is not to relieve you of obligations here so that you can devote your time elsewhere. We hired you because we found you talented and passionate. We still think that you are an asset to our team, but if your heart is no longer with this job, we need to know.

We would like to schedule a meeting with you before the end of the week to discuss this matter in person. Please reply with five possible time slots for this week and we will try to accommodate.

Best, Managers

Dear Managers:

I believe that in my previous email I made it clear that I will be very busy this whole week. I informed you before that the reason I wasn't able to make meetings and do as many hours was because of Management, and the fact that as the date for our silent auction draws nearer the time spent working on it rises exponentially. It is going to be hosted this Saturday and our management team will have a meeting on this Friday to review our execution. I really do not have any available time to meet with you this week. As it is I barely have time to sleep but I am dedicated to this job so these are the following times that I have set aside for our meeting:

Wednesday: 3:00 ~ 5:00

Thursday: 4:30 ~ 6:00

I do not think our meeting will have to be longer than 30 minutes so I hope that these time slots will be accommodating enough for you. If they do not work however then please email me with times that do work because I will reschedule my meetings with my management team and my study hours. However our meeting will have to be on either Wednesday or Thursday as on Friday and Saturday I will be occupied the whole day.

Sincerely, Justin

Dear Justin,

We are fully aware of your busy schedule. The only reason we insist on having the meeting this week is that we view your time arrangement as a serious problem. We want to discuss it with you.

Please realize that even though your present chaos seems only like a phase, there will be many, many more such periods in your Penn career. You won't always be able to excuse yourself from obligations.

Part of the college experience is learning your own limitations and coming to terms with them. I hope you will give these words some thought and figure out what is truly important to you before our meeting.

I cannot make it to either of the time slots you provided. Tonight, I will talk to the other managers to find alternatives. Please be prepared to adjust your schedule for this meeting, as we are doing the same for you.

Regards, Abby

It will always be the case that things come in the way of our obligations. What happened with Justin was completely understandable, but that didn't make his behavior acceptable. He couldn't see how we were all affected by the negligence he considered insignificant. In a team, the gaps he had left could only mean two things: either someone else had to put in extra work, or as a team we faltered in our services. We saw these consequences because as managers, we held the big picture and we were responsible for it.

When Justin and the three of us finally found a common time to meet, we reached the friendly conclusion that it was no longer suitable for him to stay on the team. School was more important at the moment, and he needed the extra time to succeed. It was the best decision for either party. We wished him well that night, and wished that soon, he would look back to this conversation and see that it wasn't about our pettiness.

Strangely enough, one of most important things I have learned from being a manager, is how to be a better employee to someone else.

与限制好好共处

大学经验的一部分,就是弄清楚自己的极限在哪里,
然后进一步学习如何与那些限制好好共处。
也许听来奇怪,我当经理的最大收获之一,就是如何当别人更好的员工。

与Justin在电话中面试时,我与另外两位经理都非常看好他。尽管隔着遥远的距离,我们却一致从他的声音里感觉到活力。他显然是我们宿舍所需要的理想IT顾问。

训练开始后,我们终于见到他本人。就如想象中的一模一样:他上进、充满了魅力又拥有计算机技术。整体说来,我们对于这次安排的IT团队非常满意。学期初的前几个礼拜,我们的团队工作配合得完美无缺,出奇的效率时常赢得总部对我们的赞赏。

到了学期中,我们发现Justin开始不预先告知就空班。这样的表现虽然让我们感到吃惊,却同时希望那只不过是偶然的例外,所以并没有加以追究。当我们发现他不但没有改进,反而更过份地完全停止工作时,大家都失望了,终于想要和他谈一谈,却四处找不到他的人。

我们得知Justin是因为学业开始忙碌而从职场消失,他正在展开一项需要许多时间来完成的大功课。虽然如此,Justin的缺席却影响着我们的运作。这个团队的工作并不会因为某个IT顾问需要更多时间来读书,而可以随意减少或终止。我们的客户依旧上门要求服务;不管工作人员的状况如何,计算机还是照常会出问题。我们终于写了一封非常严肃的信给Justin。

亲爱的Justin:

我们对于你是否能持续专注于这份工作感到担忧。虽然了解你参与了许多其他的活动，也替你充实的大一生活而高兴，但身为你的经理，我们必须提醒ITA的工作应是你的优先责任之一。

Justin，换班的目的是要帮助大家解决短期的时间冲突，而非为你解脱这里的工作，以便你把时间花在别的地方。我们之所以雇用你，是因为你非常有天分，工作又热诚。我们仍然认为你是我们团队里重要的成员，但如果你的心已不在这个工作上，我们也需要清楚地知道。

在这个星期结束之前，希望能与你当面讨论这件事。请提供五个你能够会面的时间，我们将尽力与你配合。

Abby与经理们敬上

亲爱的经理们：

我相信在前一封信里，我已说得很明白：这整个礼拜我都会非常忙碌。在这之前我已经解释过，我因为"管理学"这堂课而无法参加会议，也无法完成工作时数。随着功课交出的截止日逼近，我所需的时间也猛然增加。这项课堂活动礼拜六将揭幕，而我得在礼拜五好好讨论进行细节，真的没有空当可以与你们碰面。就现在来说，我连睡觉的时间都没有了，但是因为我尊重这份工作，所以安排了以下这些可能会面的时间：

礼拜三　3:00～5:00
礼拜四　4:30～6:00

我不认为我们需要超过三十分钟讨论，因此希望这些时段让你们感到满意。但如果这些时间都行不通，请email告诉我可行的时段，我会重新安排其他会议时间与我的读书时间。不过，一定得在礼拜三或礼拜四举行，礼拜五与礼拜六，我整天都得忙。

Justin敬上

亲爱的Justin：

我们非常了解你很忙碌。但坚持要在这个礼拜会面的原因，是我们认为你的时间安排是个严重的问题，需要与你讨论。

请了解，虽然你现在的混乱看似会过去，但这种情况是你在宾大的生活中持续会碰到的问题。你将不会永远有办法找借口回避你的义务。

大学经验的一部分，就是弄清楚自己的极限在哪里，然后进一步学习如何与那些限制好好共处。我希望你会思考这些建议，并在我们会面之前，决定什么事对你是真正重要的。

你建议的两段时间我都无法配合。今晚，我会与另两位经理讨论如何排出其他时段。请准备好为这个会议空出时间，因为我们也正努力地为你做这件事。

Abby敬上

总是会有事情妨碍、延误我们履行义务。Justin发生的这件事，我们完全能够理解，但这不代表他的行为是可以被接受的。他看不出，他认为微小的那些疏忽已影响了大家。在一个团队里，他造成的空缺只意味着两种可能：别人多工作以弥补，或是我们的服务打了折扣。因为身为经理，我们看到了所有的影响，并且必须为它负责。

我们好不容易找到可以会面的时间，彼此友善地达成共识：Justin不适合再留在这个团队里。学校对现在的他而言，的确比较重要，而且他需要更多的时间顺利完成学业。这对双方来说都是最好的选择。那晚，我们祝他顺利，也希望当他回顾这次的对话时，不会认为这整件事只是过分要求的钻牛角尖。

也许听来奇怪，我当经理得到的最大收获之一，就是如何当别人更好的员工。

· ———— 妈 妈 的 话

Information Technology Advisor（ITA）是Abby进大学的第一份工作，跟文中的那位新鲜人一样，她在入学前就被录用了。整个暑假，为了开学时能胜任愉快，她在爸爸与一位计算机公司专业人员的帮助之下，努力学习各种知识。

几年前读Abby这篇文章的时候，我有很多复杂的感觉。信中的人物都说大不大，一个大二生与大一新鲜人为了工作而不能不有的坦诚对谈。信中有各自立场的清楚表达、妥协的沟通与去留的决定。虽然他们的年龄对我们来说都只是大"小孩"，但我却在这封信里读到许多自己同年龄时无法触及的生活经验。我不禁回想，自己在十九、二十岁的时候，如果遇到了类似的问题，也可以这样好好地表达自己吗？

信中对工作认知的厘清、时间管理的问题与学校生活价值的讨论，都再次证明大学生活的确是一个孩子进入成人世界的演习阶段，多么值得好好珍惜的一段时间！

记得自己进入成大参加的第一场周会，主讲人是文学院院长吴振芝老师。她告诉我们，如果能在四年里学会管理三件事，大学生活就没有白费——管理时间、金钱与情感。我不知道坐在台下许许多多跟我年龄相仿的同学们有什么感受，但这的确是我此生最受用的叮咛。后来Abby去上大学时，我也以吴老师的话送给她，希望她好好珍惜这黄金一样的可贵四年。

我对于文中Abby给Justin的一段话最有感触："请了解，虽然你现在的混乱看似会过去，但这种情况是你在宾大的生活中持续会碰到的问题。你将不会永远有办法找借口回避你的义务。大学经验的一部分，就是弄清楚自己的极限在哪里，然后进一步学习如何与那些限制好好共处。"

我相信这不是因为她比另一个孩子有智慧，所以能了解取舍的重要，应该是她先经过了那雄心万丈，或者说是对前途贪多务得的反思，所以说出了"与限制好好共处"的事实。我想，管理也就是一种与限制好好相处的行动决定吧！

Magic Demystified

When the Workshop studio was completed, I walked around the space in awe: the soft grey walls; the tall panels of glass letting in daylight, streetlight; the stretch of mirrors multiplying light and space; the long working table and the hanging lamps above it; details, all the details. I could hardly believe my eyes.

"I don't know how mom did it." I told Pony.

"I don't know how she did it either." she replied, "I mean, I've been looking at this place since the beginning. I saw the workers come and go. I saw them work every day. Even so, I was shocked to see the space in its final form."

Magic had happened — or so it seemed. It was not just a matter of isolated objects suddenly harmonizing into something more. How did mom even have the time for this creation? When we roughly consider what must have gone into the process, she needed time to design the space, time to coordinate and supervise various crews of workers, time to fine tune the construction, and then time to purchase everything needed. Where did all that time come from?

It is true that my father had been an indispensable manager throughout the process. My parents work extremely effectively in their partnership, but they are after all, just two people. Two extremely busy people, in fact.

Every morning, my parents leave for the market around 7AM. From that point onwards, their day is full of activities till bedtime. My mother works in the restaurant kitchen, while my father manages the logistics of our operation. In the few hours of break they may have between meals, they have errands to run, projects to work on, and plans to make. Soon, they are back at the restaurant again, ready for another round of battle. This carries on till late at night because a restaurant does not call it a day the moment customers are done with their meals; the clean-up afterwards is yet another cycle of work. And after this — yes, there is more after this — my parents go home to continue with their personal projects.

When I think about my parents' lives, I cannot right away make sense of how the Workshop studio is possible. I have a hard time believing its existence even while my hands touch its surfaces.

But like Pony, I too had seen the work in progress. I had witnessed my parents direct every pocket of free time to this studio and its adjacent shop. I know their secret is so simple, it's no secret at all — those little choices they had made with their time eventually summed in this sight. In the end, magic tricks do not hinge on divine powers, but the sleight of hand. They are illusions created by the clever handling of reality.

I once asked a friend, how she managed to work professionally, and still find time to write, to paint, to learn Tango, Flamenco, and volunteer at an outdoors club. She laughed and said she wondered about it too. But later she did share her trick with me: like my parents, she made use of every minute.

"I have a canvass set up in my workspace," she told me. "I draw portraits, so when I find a bit of time here and there, I would draw a muscle."

There was never much time, so a muscle at a time was mostly what she did. It seems small, but as she said, "In time I had a full portrait."

解开时间的魔法

我清楚他们的秘密简单到根本算不上秘密：
为时间做每一个小选择，到最后便聚集成了我眼前的作品。
所谓的魔力，不过是聪明操控实况所创造出的幻觉。

Workshop的工作室完工后，我充满敬意徘徊当中，那柔和的灰色墙壁与落地长窗引进了不同方向的光源，一段镜子的反射延伸了视觉与空间感。细长工作桌的上方挂着吊灯，我眼中一切、一切的细节都让我无法置信。

"我不知道妈是怎么办到的。"我说。

"我也是。"Pony回答道，"我从头就一直观察着这个空间的进展，亲眼看着工人来来去去；即使如此，真的看到成果的时候还是感到吃惊。"

我们好比看到魔术一般。这不只是单独的对象忽然合型成了更美好的场景，妈妈是怎么找到时间来创造这个空间的？我们粗略估计她所需要的时间：设计的时间，联络与监督好几组工人、完补工程细节以及购买所有需要的物品的时间。这时间到底从哪里来的？

我的父亲在这整个过程里，确实是不可缺的主导人。爸爸妈妈虽然在他们的合作里非常有效率，但他们毕竟只是两个人。更明确地说，是两个非常忙碌的人。

每个早上，他们差不多七点就开始工作。从这一刻开始直到睡觉前，他们的一天充满了活动。妈妈在餐厅的厨房工作，爸爸则安排之外的营运。在午晚餐之间休息的仅仅几小时里,他们有很多其他得做的事、需要继续的案子以及要做的计划;过了不久,他们又为了晚餐回到餐厅里,开始下一场的战斗。这会一直持续到很晚,因为一间餐厅的运转,并不会在客人用完餐后马上结束。在这之后,我的父母回到家,又继续私人的工作。当我想到父母亲的生活,就无法马上理解Workshop这个空间产生的可能,虽然我的手触碰着这个工作室的表面,却依然很难相信它的存在。

但是,像Pony一样,我确实目睹了这个空间的工程进展。我看着父母亲有空就动手打造这间工作室与一旁的小商店。我清楚他们的秘密简单到根本算不上秘密:为时间做每一个小选择,到最后便聚集成了我眼前的作品。魔术终究不是依靠神奇的力量,而是灵巧的手法。所谓的魔力,不过是聪明操控实况所创造出的幻觉。

我曾问过一位朋友,她是如何能够一方面正式上班,一方面又有时间写作、画画、学Tango(探戈舞)、学Flamenco(弗拉明戈舞),又在野外俱乐部里当义工。她听了之后笑着说:"其实,我也常有这样的疑惑,我到底是怎么办到的。"不过最后她还是透露了她的诀窍:和我父母亲一样——她善用自己的每一分钟。

"我画人像,所以就在工作的地方放了一个材料俱全的画架。"她告诉我,"当我有个空档时,我会画一块肌肉。"

她的时间有限,所以通常一次只能画这么一块肌肉,看似进展不多,但结果一如自己的发现:"过一段时间后,我便有了一幅完整的人像。"

· ────── 妈 妈 的 话

我记得童年时见过最忙的人是自己的母亲，别人称她"文武双全"，而我的印象则是妈妈从来不曾闲下，更不曾抱怨。因为没有把"忙"挂在嘴边，所以母亲虽然背着时间与工作的重担，却从来不给人沉重的感觉。

作为父母，我自己的生活脚步到目前为止也还没有放慢过，但心里总记得要学习爸妈给的勤劳身教，所以，我们也从不跟孩子抱怨自己有多忙或多累。他们看到的，应该是一对与时间好好相处、一直努力工作的父母吧！

"时间管理"是人能愉快工作的条件之一，这份能力应该从小在生活里被唤醒、培养。我深刻了解其中的好处，所以总是鼓励孩子们好好观察别人是如何为时间做更有效的安排。除了与孩子主动讨论彼此的时间配用，通常我只是安静、专注地工作，并分享努力之后自己充实的感受。这是我们给孩子最重要的时间管理之课——用成果来见证时间的意义与力量。

Agenda

Before I became the Advertising Manager at the Daily Pennsylvanian, I was one of the team leaders, and before then I was a sales representative. Though after three intensively involved semesters, I had become well-versed in the work that we did, it was an entirely new challenge to take over the department.

I hadn't always wanted to step up to the managerial role. Actually, I had much preferred to stay in the in-between place, which belonged to the team leader (assistant manager). It was ideal for me, to be partially in charge and still free to roam the city for sales. In the end however, my curiosity pushed me over to the next step.

We were not doing well in our business at the time, and I had heard many explanations, mostly excuses; I knew things must change, and I wanted to find out if I could make that happen. It was one thing to criticize the situation from the sidelines, and quite another to bring in solutions. All these theories I had, would they actually work in practice? I had to know.

During the few weeks of vacation I had before assuming my new position, I spent hours every day in the Singapore National Library, researching books on sales and leadership. I already had ideas of what I wanted to do differently, but I thought drawing on other resources would help me flesh them out with more insight. The whole winter, I worked to complete my vision.

Then in the year to follow, I carried out my plan and though I had my share of setbacks, though I certainly made mistakes, the results were solid. During my term, we broke years of records in sales. Much of it, I believe, had to do with this period of planning.

I stepped into my office, ready from the first moment, immediately setting a new tone that characterized the department for the rest of our time together. Every day afterwards, I focused my teams on specific and measurable goals. There may have been other confusions, but there was never a question as to where we stood in the moment, and where we were all heading from there.

Although the numeric weekly and long-term goals were key to our success, they are not very interesting for outsiders to look at, nor appropriate to share. I offer instead, a look at part of the agenda that I had prepared for my assistant managers at the beginning of our collaboration. The document details our work philosophy during my term. Even though as with all plans, there were variables and adjustments, the text is still representative of how we functioned.

Ad Department Agenda for 2008
Strengthen Leadership

A) Increase Supervision of the Management Team

Traditionally, Team Leaders work virtually unmonitored; however, if we want the Ad Department to improve, we need to begin the change from ourselves. I hold you accountable for your duties, and in return, I ask you to hold me accountable for mine. Failure to fulfill obligations will be closely examined and may result in serious consequences.

B) Standardize Expectations among Teams

Even though we are divided into three teams, we are still one department. The differences in leadership styles make no excuse for our lack of standards across teams. From now on, we will work together to ensure every representative knows that he/she is held to the same expectations regardless of teams.

C) Give Constructive Diagnosis and Feedback

We refuse to be complacent. By constantly reviewing our work, we will give ourselves and the rest of the department constructive evaluation that is essential to improvement. We may have to change some of the ways we have been recording information, in order to render our data more useful. I hope I will never hear: "but we are already doing our best!" Getting defensive is easy — I don't claim to be immune either — but let us ask instead, "what can we change? What can we do better?"

D) Focus on Concrete Objectives

It is easy to get lost in the myriad of things to do, and easy to forget the reason for doing something — it is even easy to forget why we are here in the first place. But to be effective at executing a task, we have to be very clear on its purpose and our role in it. As leaders, our job is first to figure out what we are doing and why, then it is to convey this information to our department and provide appropriate support.

E) Get Ahead of the Game

We look ahead, we think things through, we plan. We always stay several steps ahead of the game so that we don't need to waste time panicking. Why let things fall into chaos when we can help it? If we are calm and composed, and we always know where we are heading, our department will trust us to steer. With their cooperation, we will also have greater success at getting to our destination.

F) Don't Lose the Common Touch

In order to lead, we have to be the people who are most familiar with our work. More than ever, we have to be involved. Being part of the management team doesn't mean that you will be sitting in the office all day long, watching people. We need to continue to grow as sales representatives.

领导者的挑战

我从踏入办公室的第一天,就完全准备好要迎战。
从那一刻起,我们决定了整个部门的新步调;而后的每一天,
我都提醒属下专注于我们明确而且能够测量出结果的目标。

上任Daily Pennsylvanian广告部经理之前,我曾是其中的一名领队,更早则是广告营销员之一。投入这个部门努力工作了三个学期之后,虽然我已经对其中的责任非常熟悉,但要完全掌握整个部门的运转,却还是全然一新的挑战。

我并不是一开始就想要当经理的。其实,我比较想留任副理,我认为夹在中间的角色有更多的好处;一方面能担起部分责任,学习领导,一方面还能自由地走遍费城去营销广告。但最终,我还是被自己的好奇心往上推。那时我们的生意下滑,我听到许多的解释,大部份都是借口。我知道我们得改变,但我想知道自己能不能够创造其中的不同。站在旁边说别人错误是一回事,真正能够采取正确的行动又是另一回事。我希望知道自己的想法到底实不实用。

正式上任之前的寒假,我每一天都花了许多时间,在新加坡的图书馆搜寻有关营销与领导的书籍。那时我已有一些自己的想法,大概知道要怎么改变这个部门,但我也认为参考其他的数据能够帮助我更有深度、更有见解地把这些想法详细解说出来。整个冬天,我就为了完成那些目标而工作。

接下来的一整年,我照着这些计划进行工作。尽管途中曾遇过许多困难,也不是每次都做下最好的决定,但我们缔造的好结果却是不可改变

的事实。在我的任期之内,我们打破了公司历年来的许多纪录,我相信部分功劳是要归给那年寒假所做的功课。我从踏入办公室的第一天,就完全准备好要迎战。从那一刻起,我们决定了整个部门的新步调;而后的每一天,我都提醒属下专注于我们明确而且能测出结果的目标。或许我们曾有其他的困惑,但对于每一刻所处的状况,与接下来要前往的目的地,我的团队从不曾有过疑问。

虽然我们成功很大的关键,是在于每个礼拜与学期所定的数据目标,但这对外人来说并没有太大的意义。倒是年初我为副理们准备的计划,可以解说二〇〇八年我们的工作哲学。一如所有初步的计划一样,途中会因种种因素而有所修正,但这些文字还是代表着那一年我们的工作精神。

【广告部门计划书2008:强化领导】

A)增强对于管理团队的监督

传统来说,我们部门的副理(领队)几乎在工作上都不受监督,但是如果我们想进步,就得从上层管理本身开始改变。我要求大家对自己的本分完全负责;同样的,你们也应该对我有这样严格的要求。我们将细心检讨任何不守岗位的行为,也会给予适当的处分。

B)统一所有营销小组的标准

虽然我们分为三个营销小组,但最终还是隶属于同一个部门。每个领队的不同领导风格,不能成为标准不一的借口。我们将努力维持统一标准,无论在哪一个营销小组里,每一个代表都应该知道我们有一致的要求。

C)给予建设性的诊断与评语

我们拒绝自满地停在原处,大家共同的目标是不断进步。我们将透过检讨,为自己与广告部门找出建设性的诊断与评语。我们也许需要因此改变一些过去记载讯息的方法，以便能更有效地收集数据。我希望我永远不会听到"但是我们已经尽力了"！为自己辩护是自然的，我不敢说我从不这么做；但我希望大家可以改问"我们有不同的做法吗"，或是"我们有什么可以改进的"？

D）把焦点放在具体的目标上

迷失于太多要做的事或忘记做事的原因是很容易的。我们甚至连自己在这里的工作目的，都可能轻易遗忘。但如果要有效地处理事情，我们得非常清楚每一份工作的目的与自己的角色。身为管理团队的成员，第一得弄清楚自己在做什么、为什么要这么做；第二必须将讯息非常简明地传达给部门里的代表。

E）永远超前几步

向前看，做事之前仔细思考、计划，并永远超前几步。因为这样，在这游戏进展的期间我们就不会慌乱。只要心平气和、事事准备好、无时无刻知道自己往哪里去，这个部门就会信任我们的领导。也因为有了大家的配合，我们更能成功到达目的地。

F）请别失去对工作的认知

因为要领导，我们必须是这个部门里最熟悉营销工作的人。这代表的是，虽然我们现在站在领导的位置，但必须比以前更深入参与这份工作。我们不能因为当了领导人就整天坐在办公室里监督他人，而是必须持续在营销里进步。

妈 妈 的 话

Abby在中学的时候,常常质疑我为什么在工作中事必躬亲,虽然我一直都告诉她与Pony,我对工作中能累积能力、有练习的机会感到欣喜,但她十几岁的心灵并不完全认同我的做法,我那反复操作、直到完美的工作哲学,还无法浇灌到她的脑中。

对于人生了解的分享,我从不强求孩子当下就能接受。时间会改变很多事,不允许她们亲身经历的事,很难要求同情共感;只是,我仍然坚持着自己对工作的爱,也仍是那个不忘分享心情的母亲。

一年多前,在Abby给我的一篇文章中,我读到了她的理解。事实上,她有所体会的时间,比我所预料的要早很多、很多。

Getting Your Hands in the Dirt

在成为《宾大日报》广告部的经理之后，我越来越没有时间去市区了，大部分的工作都集中在办公室里规划、沟通跟解决问题。做为一个团队的领袖，我实际停驻在办公室的意义，比我原本预想的来得更重要。我常常可以感受到，我去办公室是为了强调我是这个办公室的负责人，因为对很多人来说，我在办公室带来一种安全感，一旦有任何问题，我会负责解决。

常常待在办公室里，我渐渐只注意到"管理"这个环节的重要，却失去对整个工作运作的熟悉度。不再亲身参与之后，我淡忘掉许多小细节，例如不同广告的单价；如果我没有长期与客人接触，我也会忘记与客户沟通时的专业表达。因为工作大部分都是在中心做计划，我的业务能力其实有可能退步到我所雇用的员工之后。如果这个情况继续下去，我应该问自己：多久之后，我就不再能领导他们了？因为我对他们的业务已不再熟悉。

当一个经理的业务执行能力比不上他的属下时，是一件非常尴尬的事。当然，对整个工作有完整的观照是不可或缺的要项，但仔细掌握细节也同等重要。要不然，管理者要怎么去指出属下的问题，并帮忙想出解决方案。

我决定离开ITA经理的工作，是因为这个学期就要搬出去住。但更重要的是，我觉得自己已经不适合这个工作了。因为我把大部分时间都用来做报社的工作，所以根本没有足够的心力来照顾ITA。而且，自从在ITA

升任经理之后,我处理的问题多半都是员工的人际问题,不再与计算机相关,所以我忘掉了许多基本的技术,我好像跟这个工作脱节了。如果我要继续表现得更好,必须花时间来复习与精进我的技术,但事实上,目前我没有足够的时间来兼顾两边,所以我决定放弃一项,把时间集中在报社的工作。

这次的经验终于让我感受到,跟一份工作的前线运作维持密切的关系有多重要。当我有这种领悟时,我发现,其实爸妈早在很久以前已经教导过我这些准则了。只是因为我没有实际的经验,所以当时无法听进去他们所给我的教诲。

回想起中学在自己家的餐厅打工时,我常常会质疑妈妈为什么需要每天都在厨房里工作。在那抗拒的年龄中,我只想远离炉台,以及每一样跟食物有关的事物。我不懂为什么我们既然请了员工,母亲却不单只是指挥他们做事,当个真正的老板,毕竟我们有足够的人力配置;又为什么在这种情况之下,她非要我们去洗碗不可。

在那个时候,我常常会想要引起冲突。我不愿意让我的衣服沾上油烟的味道,我宁愿在有冷气的地方做任何事,就是不要在厨房。

有一次妈妈看到我的不情愿,她问我:"如果你不想待在这里,为什么不离开?"我只回答说:"我不要。"妈妈继续追问我:"如果你不是真心想帮忙,那就请你离开。"我没有说什么,因为我不愿意告诉她,如果我走了,我会有罪恶感。只要她还待在厨房里,我是不可能不去帮忙的,即使我的心里非常不乐意,但我也无法轻易地走开。

如今事情改变许多,我已经找到烹饪的热情。如果当年我有这样的心情,一定会把餐厅的厨房当成我的游乐场。同一个空间如今对我的意义已经完全不同,我以前如此厌恶的地方现在却不愿意离开。但更重要的是，我终于了解，为什么母亲总在最前线工作，虽然她并非不能只发号施令；我终于懂得，当我们愿意直接去接触问题、愿意把手弄脏时，我们才能透彻地了解工作的实况，进行真正有效的管理。

以个人的观点来说，有实际的操作能力代表的是一种独立；这能帮助一个人成为一个群体中的领导者。就在我这样想的时候，我确认了爸妈在过去所为我们建立的工作道德有多么重要。

当我们住在泰国的时候，虽然家里有佣人，但妈妈还是要求我们每个星期得拖地板，每天得洗碗和清洗自己的贴身衣物。妈妈自己也每天晚上都亲自煮饭，我们的佣人只是她的帮手。当我们问妈妈，为什么我们有佣人还要自己做这么多事的时候，她为我们解释说：所谓独立的基础，就是有照顾自己的能力。我们不能因为家里有佣人，而失去培养这种能力的机会。虽然有佣人，但我们不应该依赖任何人。

爸妈还说，我们的能力使我们不借言语建立了一种标准，使我们雇用的人知道要以此为自己工作的标准。有很多员工懒散，是因为他们知道自己上司的能力不足、自我要求也不高。越愿意亲身参与、越不怕手脏，不只使我们更深入工作的本质，亲自为团队做一个榜样，另一层意义也代表了尊重。我们愿意做他们所做的工作，是因为我们看到他们的付出，并以此为荣。这份参与使团队得到彼此真正的尊重，并造成和谐有效的工作循环。

因为有了这个领悟，所以在成为一个广告部的经理之后，我还是时常会到市区拜访客户。尽管我并没有被要求一定要这么做，但我相信，如果我想成为一个有能力的经理，我一定要了解更多基层的工作，要熟悉进行中的业务。

Differently

After several attempts at a Tango turn, I still could not reach the right landing places. Damian guided me one time after another. Finally he said, "Do something different. It doesn't matter if you are still wrong, just try other things." What I had been doing was obviously not working.

Similarly, my parents gave me a useful advice when I was a little girl. They said that if someone fails to understand what we mean, we cannot keep repeating the same words. We must rephrase. We must try to say things differently.

A simple concept, "differently", but as we become attached to certain ways and ideas, sometimes we forget this. Our sense of alternatives fades in the blinding hope that what we've chosen will eventually right itself — maybe not now, but definitely later. So we keep going, running at full speed, head first into concrete walls. Each time my Tango turn finished at exactly the same place: the wrong place. And whatever it is we have been insisting on saying, the others still don't understand.

Yet these moments are relatively easy to recognize. What is more challenging is when "differently" is needed beyond the instant. As our commitment for a project or a vision strengthens, it becomes harder and harder to think of trying anything else. But maybe these divergences are the solutions we need.

At the end of my Junior year, I applied to work as a manager for Penn's Housing and Conference Services. It was a convenient arrangement; all at once, I secured a steady summer income and free housing. Though put in charge, I was still left with plenty of free time, which made a perfect set-up for my greater ambition: I was going to become a real writer that summer.

Up until that point, my efforts had been limited. Though I had felt a certain power with words, it was difficult to call myself a writer — potential after all being only possibilities promising, not substance itself. If I had told anyone that I was a writer, inevitably they would ask what I was writing and what I had written. I had created by then, the first body of work I was proud of, but other than that I had little to show. Having succeeded once at putting words down on the page was not enough, nor was my love for the art when it stopped short of action. A writer writes, in the ongoing sense. I decided summer was the time when I would take myself further. There was a project I had set my mind on, a collection of short stories. By the time vacation began, I already had all the concepts mapped out and the story themes chosen.

But then, the moment came to write: I simply couldn't. I woke up at 5AM every day to sit at my desk. For hours, I would grip a pen and carve onto my yellow notepad, what few words that graced my mind. Frustrated though I was, I stuck with the discipline day after day just to keep going. I was trapped in a particular story at that stage in my life, and I couldn't branch out to do anything else. Everything I wrote came out as before; the ideas once brilliant, appeared unoriginal now. The more I tried to push beyond my boundaries, the more it became apparent that I couldn't write convincingly about what I did not know.

According to plan, I would produce 3 stories by the end of the month. In an email I had sent out to some friends (entitled "June is the Month of Transition"), I had detailed goals in various areas of my life for the summer, including this section:

Write

1) Complete 6 drafts out of the 12 short stories in my project. By June 30th, I will have 6 stories.

Deadlines: June | 5th, 10th, 15th, 20th, 25th, 30th

Day 1 - Character sketches, plotting, determine necessary research
Day 2 - Research & break story into smaller bits (scenes)
Day 3 - Write draft
Day 4 - Revise (if draft is still incomplete, continue writing and finish)
Day 5 - Revision before moving on

Already, I was halfway along the timeline, but in terms of actual production, I had nothing. I was starting to get upset. On one morning mid-June, I got up from my desk and decided that I had had enough. I would do something useful. Anything, other than sitting there scribbling garbage.

That "thing" turned out to be baking; with a bag of flour, I made biscotti, foccacia, English muffin bread, beer bread, Parmesan oregano biscuits, chocolate cake, and so on. I had never been comfortable in the kitchen, but all of a sudden this place seemed lovely in comparison to the mockery of my desk. All that I could not express in writing, I rolled and shaped with my dough. It made me happy, to be able to move again, even if it wasn't the sort of movement I had in mind.

There was a friend who came to see me often that summer. Whenever she visited, I would share my food with her. She asked one day, if I had thought about keeping a record of the process. I had in fact been taking photos for memory, but the idea of a blog came only after her suggestion. At first tongue-in-cheek, I posted on When Words Fail after every taunting creation. Gradually however, I began to find inspiration in the food itself, and because by then I had lost any preconceived notion of what sort of a writer I was, I felt free to experiment with my language. From there, a style was born. The writing grew and it continues to grow.

A year later while compiling my writer's portfolio, I fully grasped that I now had an archive of quality work at my selection; I had imperceptibly accumulated nearly two hundred carefully edited pieces over the months, and somewhere along the line the writer's block disappeared. In making a turn for another path, the obstacle once so central, now became irrelevant.

尝试另一种不同

"尝试另一个方式",是多么简单的概念,
但当我们对某些做法或想法产生强烈的安全感时,很容易遗忘这个准则。
因为希望自己做的选择没错,那股盲目的坚持时常盖过其他的敏感。

有次在练Tango(探戈舞)时,我虽然不断地尝试某个旋转,但就是没有办法停在对的位置上。Damian带了我一次又一次地转,终于忍不住说道:"试试看不同的转法。即使还是错误的也没有关系,只要用不同的方式就好。"显然,我目前的转法是行不通的。

同样的,爸妈也在我小时候,曾给过我们一个很有用的建议。他们说,如果有人听不懂我们在讲什么,千万不要一字不改地重复同样的句子,一定要用不同的方式重新表达。

"尝试另一个方式",是多么简单的概念,但是,当我们开始对某些做事方法或想法产生强烈的安全感时,很容易遗忘这个准则。因为希望自己做的选择没错,那股盲目的坚持时常盖过其他的敏感。心里想着,也许现在不能证明我的选择是对的,但有一天一定可以的,一面想一面全速前进,然后一头撞进水泥墙。于是,每一次我的Tango舞步还是停在那错误的同一个位置;而大家一直坚持重复的句子,别人还是听不懂。

这种时刻尽管很常发生,都还算容易认出。更具挑战性的是,在处于常态许久之后所必须做出的改变。当我们越来越顺服、依附于某个计划或梦想时,要尝试新的方法就变得越来越困难。然而有一天,我却在自己身上发现,那岔路也许正是我们所需要的答案。

大三下学期末，我在宾大的Housing and Conference Services申请工作，担任一栋暑期大楼的经理。当时那对我来说是个非常好的安排，一方面使我有固定的暑期收入，一方面又因此有免费住宿。虽然责任较重，但这份工作依然留给我许多私人的时间。这是非常完美的组合，因为我那个暑假的企图就是要写作。

虽然我一直都爱写作，但在这方面下的工夫不多。我不敢对外多说自己的写作，可是又同时感到这个特质明显地存在。潜能只是有一个展望的可能，并不是实力。我知道如果我谈起写作，大家一定会问我曾写过什么，目前又在写些什么。虽然当时我已经有一个自己深感为傲的文体，但除此之外，我并没有什么持续的发展。一次的成功并不代表我真的会写作，一个写作人是不断写下去的。

光是热情没有动作对我而言并不够，我决定利用暑假深探这条路。我有着大计划，也有灵感，早在暑假还没开始之前，就决定了要写一系列的短篇故事。所有相关的想法都经过初步整理，故事的主题也选好了。

只是，真正要开始写的时候，我却一点也写不出来。每天早上，我五点就起床，坐在书桌前，紧握着我的笔，一次写好几个小时。虽然困扰却依旧每天坚持下去，因为我得继续。那时的我正好卡在某个故事情节里，自己找不到出路。我写的文章都太类似之前写过的，曾经那么创新的想法，现在则显得乏味无趣。同时，我又很快地发现，我越强迫自己脱离那些我看到的框框，就写得越不自在，我写不熟悉的事完全没有说服力。

依照之前的计划，我在六月中就应该写完三篇故事。在一封寄给一群我很尊重的朋友信中，我曾详细地为暑期定下生活里的目标。在其中一段，我宣告了自己的进度——

关于写作

完成六篇故事

故事截稿日：六月五号、十号、十五号、二十号、二十五号、三十号

每个周期的时间分配：

第一天：草拟故事人物、故事内容、决定数据搜寻。
第二天：实际数据搜寻，并把故事以不同情节分为工作小段。
第三天：打草稿。
第四天：校订（如果草稿未打完，继续把它完成）。
第五天：再次校订。

我已经走在时间表的半途之中了，却什么也没写出来。这个困境使我很烦恼。

六月中的某一个早上，我受够了。离开书桌，我下定决心做些有用的事，任何事都可以，只要不再继续写那些垃圾。就这样，我打开烤箱，用一包面粉分别做了biscotti、foccacia面包、英国松饼、啤酒土司、Parmesan oregano饼干和巧克力蛋糕，等等。

我一向在厨房里就不太自在，不过此时忽然因为书桌对我的讽刺太深，而觉得这个空间其实非常使人安心。那些我在文字里表达不了的感受，都让我揉进面团里了。能够再一次有所行动使我深感愉快，即使这并不是原定的计划。

当时有个朋友常来看我，每次她来拜访时，我都分一点做好的点心给她。有天她问我有没有想过要把整个过程记录下来。实际上，我已为了留念沿途拍下一些照片，成立部落格却是在听了她的建议后才完成的。

一开始，我充满自嘲意味地在When Words Fail部落格上贴着讽刺困境的创作。不过渐渐地，我开始从食物本身得到写作的灵感。我逐步脱离对自己写作的成见，自由自在地开始实验写作的语言。就这样，我慢慢地磨出自己的风格，我的写作似乎成长了许多。

事过一年之后，我需要搜集作品建立自己的档案，那时，我才真正了解，我已在好几个月里无形中聚集了近两百篇仔细修改过的文章。不知何时，我又能写作了。因为转了弯，选了另一条路，那曾经非常关键性的障碍，现在已无关紧要了。

──── 妈 妈 的 话

我记得Abby和Pony还很小的时候，我就从不为她们的伤心或哭泣而生气。即使有些情绪我一时无法完全了解，但总相信孩子如果感到彷徨、沮丧或伤心，那之中必然有一份对她来说非常重要的感情，我的责任只是试着去了解。

Abby去美求学之后，我们分隔在遥远的两岸，我这远距母亲的教养工作并不多变：依然是试着去了解。

年轻的生命最明显的特质就是探索自我，Abby跟同龄的孩子一样，不断地在寻求或说是建立自己的真我。我总是认真地聆听她跟我分享的每一件事，她说的每一句话，认真到有时候她会讶异地问我："妈妈怎么会知道？"我笑了，那些事都是从她陆续的话语里拼凑出来的全景，她的每一句话，我都好好听进去并留在心里了。

她从小经历过许多困境，所以面对问题时养成了自我检视的能力。当然，蛮劲与困惑还是有的，只不过，不再碰壁而浑然或转成沮丧了。生活里的出口是别人为我们打开的吗？还是自省之后设法找出的门把？想必Abby在那年的暑假中一定有所收获。虽然，这篇文章似乎说的只是她对自己写作的领悟，但以我对她的了解，相信这领悟一定不会只施惠于写作这单一的事情之上。

Pony也一样，她加入RISD之后，常常用Skype跟我们分享功课所得，也会在镜头上展示她所完成的功课和其中的用心与逻辑概念。记得有一次她说了一句让我永不忘记的话："妈妈，我现在知道为什么大家说我们的学校好。因为RISD是要训练我们以专业的角度、以艺术家的角度，来面对困难。"她还告诉我，她体会到"正确"就是要花时间好好做一份功课、一步步进阶，不能推理或假造其中的资料。

我们与困难在每一个阶段都会相遇，从孩子身上，我知道下次与它再狭路相逢时，我要有姿态、也要转个弯，找到自己正确的路继续前进。

The Luck of Dedication

"You must know!" Jen exclaimed. In the dimness, she turned around to study my facial expression. The traffic light outside brought a warmer tone to her cheeks. Those dark eyes burnt. "You must know just from observing, that this is not the ordinary speed people progress."

She was driving me home after a Tango gathering that day. Though we had always been friendly, it was the first time we had a chance to expand on our conversation. She was curious about what I had been doing to push my dance forward. In just a few months, she said, it was plain to see that I had improved exponentially.

I must know this myself, mustn't I? Her words were flattering, yet the urgent questions reminded me more of an interrogation. I blushed. "Yes," I said finally because she would not take silence for an answer. "Yes I'm aware of that. But to be fair, it's because I've been given extraordinary help."

In February, I stepped into a Tango studio out of pure curiosity. I am tempted to say that I never expected the dance to become so important to me, but when I look back to that first choice I made — giving up my seat at a good friend's birthday dinner to be there instead — I see how I had dedicated myself from the very beginning.

I started out the way most people did, one class a week. I had no formal dance training before this, but I did love moving to music and found release in the motions. I had done a bit of Salsa, more often I free-styled. Still, dancing was just something I did for fun — at parties or in my own privacy — until I found Argentine Tango. The more I learned about the dance and understood its philosophy, the more mesmerized I became.

My instructors, Marc and Krissy, kept urging all of us to go to the weekly dance parties. They said there was no better way to improve than to apply what we now knew in the real environment: at the Milongas. It was intimidating even to think about, but I went anyway.

The first time I was there, I arrived a bit early, not realizing it was more fashionable to be late. The directress of the Tango school was busying around, setting up the space. Naturally, I asked if I could help. She looked surprised. "But you're our guest!" Although she was happier at the time to have me relax on the side, she must have remembered my offer. Soon after that, I received an email from her noting how quickly I was learning. A few days later, Marc told me again how impressed she was, and on her behalf, he wanted to know if I would help run the Milongas in exchange for free classes at the school.

"Of course, I would love to," I positively squealed, feeling a bit lightheaded.

Every Thursday from then on, I arrived early before the event, carrying chairs and tables up the stairs, laying down table clothes, lighting candles, preparing snacks. Once the dance floors opened, I ran the cashier until midnight when the Milonga came to its close. Marc and I would then restore the space after everyone else left.

The director and directress were there with us for only a few weeks before they traveled to Argentina on a tour. One night before their departure, they drove me home and as I was getting out of the car, the director who was usually reticent, finally spoke.

"We really appreciate what you've done for us." Immediately, the directress agreed. He paused for her to add a few praises, then continued, "Every time you come, you take care of what needs to be done. We never have to ask. We want to thank you for that."

Though the formality was surprising, it was nice to have the acknowledgement. Before they mentioned this, I hadn't thought much about how hardworking I was. The effort I put in for the school was a matter of fact for me: my family had taught me to respect work, while my later experiences in leadership had made me resolve never to do less. What had since become second nature to me was now bringing unexpected gifts. A few months later, when the couple came back from abroad, they would offer me daily private lessons at a fraction of their usual price, as yet another token of appreciation.

In the meantime, because of my greater involvement with the community, I was dancing nearly every day. I knew more people and became close friends with many. They were generous in giving me help and inspiration, so that under their guidance I grew quickly both in will and in skill. I had fantastic mentors like Marc and Krissy, and for a while I even had a practice partner who happened to own the space where we danced. Assistance came from various directions. At the Milongas for example, I should have sat at the cashier more often than I did, but those who had seen me work often wished for me to dance more. They would take turns covering shifts in order to give me extra time on the floor.

As for the money I had saved from those free group lessons, I spent its sum on private instruction. During those hours, my teachers pushed me to the extremes and I was glad of it. Once when I shared with Marc, what a challenging class I'd had with Damian, he said, "With you, he asked for more because he knew you could take it."

It was true. During one of my first few encounters with Damian, I was cleaning up at the Milonga. At the end of the night, when as usual I stacked chairs on top of each other, he picked up a few of them to stack beside mine. "Such a hard worker you are." he said.

"For Tango." I smiled.

"For Tango." he echoed, "Very good."

I believe we reached an understanding that night.

The extraordinary luck I had in Tango, I credit my dedication. I'm not so naive to believe that every time we put in effort, we are met with its equivalent reward. As Damian said one day, "I have a joke for you. You know that saying: if you persist, you will succeed? Actually it should just be: if you persist, you persist."

A playful spin, but much more true to life. I have not had everything my way, no matter how hard I've tried. In that exact same period of time, I've had many changes of plans as the originals became unsound. But where it really matters to me — in Tango —I've had opportunities that still make me gasp with wonder. I have faith that somehow, when this dedication, this work ethic, becomes a natural part of us, we are luckier all around.

As Jen insisted in the car: during my last few months in Philly, I know I had grown rapidly as a dancer. I am still at the beginning of the process, but I have been blessed with a wonderful start. Since leaving the city mid-July, I have not been able to continue with the training due to my lack of resources in time and money. But this disruption, I had anticipated. Part of the reason I had trained so urgently was to fill myself with enough substance to keep developing through this stretch of Tango drought: I would feed on my memories.

Right now, even though I have other things to focus on, I am still building my body each day for when I have the opportunity again to dance. In two years when I am in Argentina, I may be rusted with the specifics, but I will be in shape, and ready.

努力的运气

我的家庭教导我要尊重自己的工作，
在我有过许多领导经验之后，更加了解任何事都不可以偷工减料。
这已成为我习惯的工作态度，却为我带来了预料之外的礼物。

"你不可能不知道的！"Jen转过来仔细地端详我的表情。在那光线微弱的车里，外面亮着的红灯映着她的脸，她深色的眼睛炯炯闪耀。"光是靠着观察，也看得出来这不是一般人的进步速度。"

她那时正开车送我回家。那天在Tango（探戈舞）的聚会后，Jen好心让我搭便车。我们一向友好，这却是第一次有机会深谈。她很好奇我最近到底是怎么进行训练的。就如她所说，在短短几个月内，大家都看得出我的进步。

我不可能自己不知道这件事，对吧？虽然她的话是赞赏的，不过那咄咄逼人的说法让我觉得像被质问。我脸红了，因为她不愿意把我的沉默当作答案，所以还是开口说出："是的，我知道。不过老实说，这是因为我得到不一样的帮助。"

今年二月，我因为好奇而第一次踏入Tango舞蹈教室。虽然我想说，当时并没有预料到自己会对Tango如此认真，但在回顾最初的选择时，我很清楚自己从一开始就已经全然投入了。那晚，我舍弃了一个好朋友的生日庆祝，为的就是要来参加这堂课；而后的每个礼拜五晚上，我也因此排开所有的活动。

我开始一个礼拜上一次课。在这之前，我未曾受过专业的舞蹈训练，但是我喜爱随音乐舞动。有时我会跳Salsa，大多时候我自己随意编舞。

无论在公共场合或是私下空间，跳舞这件事，纯粹只是我的娱乐。但Tango改变了我这个想法。我越学越多，越了解它的哲学，就越来越为这个舞蹈所着迷。

我的指导员，Marc和Krissy不断地鼓励班上所有的人去每个礼拜举办的舞会——Milonga。他们说再也没有比这更好的进步方法。我们在教室里学到的技巧就是要用在真实环境里——用在Milonga。虽然光想到就觉得吓人，我还是硬着头皮去了。

第一次去的时候，我还未发觉在这个舞会的世界里，迟到是比较礼貌的，于是早早就到。当时Tango学校的女院长正忙碌地安排空间摆设，我自然地问她是否需要帮忙，她愣了一下说："但你是我们的客人啊！"

虽然那次她显然比较希望我坐在一旁轻松休息，不过想来她一定记住了我那次自愿的帮忙。不久，我收到了女院长的一封email，说她很高兴我学得这么快。过了几天，Marc把我拉到一旁，再次告诉我女院长的赞美，并问我愿不愿意帮学校办舞会，以换取免费团体课程。

"当然！"我那时候高兴到几乎是尖叫着回答，感觉头顿时有点轻飘飘的。

从那时起，我每个礼拜四在舞会开始前先是搬桌椅上楼摆设，铺桌巾，点蜡烛，准备点心。舞会一开始，我就充当收费员。当活动结束时，我和Marc则负责把空间还原。

学校的男女院长只与我们一起工作几个星期，就前往阿根廷表演。在他们离开之前，有一晚曾开车送我回家，在我要下车时，那位一向沉默寡言的男院长忽然说话了："我们真的很欣赏你为我们所做的一切。"

女院长马上附和，男院长又继续说道："每次你来总是把事情准备得那么完整，我们从来不需要开口。所以，要跟你说谢谢。"

虽然他的正式让我感到意外，但我很开心能得到这样的肯定。在这之前，我其实没有多想过自己的努力，因为好好工作对我来说是理所当然的。我的家庭教导我要尊重自己的工作，而在我有过许多领导经验之后，更加了解任何事都不可以偷工减料。这已成为习惯的工作态度，却为我带来了预料之外的礼物。过了几个月，当两个院长回来时，他们因为要再次谢谢我，每一天都为我提供半价的私人课程。

在这期间，我因为与Tango的社群互动更多，几乎每天都有跳舞的机会。我从工作里认识了许多人，也与其中多位成为好友。他们引导我并启发我，使我的能力与意志力双双前进。有几位很好的舞者辅导我，我也一度找到能共舞的伙伴（很幸运的是他同时拥有跳舞场地，因此我们不曾为此苦恼）。我从不同地方得到许多协助。譬如在Milonga舞会时，大家会因为看到我努力工作而希望我多有机会跳舞，所以常轮流替我看柜台，好让我有练习的机会。

我得到的免费团体课程，使我因此可以负担私人指导。在这些时段里，我的老师们尽量磨炼我，我也乐意尝试。有一次，我与Marc分享Damian在上课时是如何挑战我的，他响应道："他对你的要求比其他人多，因为他知道你可以承受被推往极限。"

这是事实。我与Damian初次见面时，我正在Milonga工作。夜深了，我如往常一般收拾、叠好椅子，Damian也顺手拉了几张椅子排在我旁边。

"你真是个努力的人。"他说。

"都是为了Tango。"我回答。

"为了Tango。"他重复了我的话，"很好，就是这样。"

那晚，我们达到了彼此认知的共识。

我在Tango上获得的运气，要归功于我的努力。但我从没有天真到认为，自己的付出每次一定都能得到相对的回馈。就如Damian曾对我说的："我有个笑话要告诉你。你是否曾听过一句话：'如果你坚持，便会成功。'其实这句话应该是：'如果你坚持，就只是坚持。'"

一个有趣的转换，但确实比较贴切。我并不是做任何事都如意，有时无论多么地努力，结果还是无法令自己满意。在同一时期，我也因为许多原定的计划行不通而改变了方向。但是最终，在对我很重要的Tango世界里，我确实得到了惊喜的机会。我深信，当这努力的态度，当这良好的工作习惯变成了很自然的一部分，我们会因此变得幸运。

就如Jen在车里提起我的进步，虽然我还在这个过程的起跑点，但确实已受到祝福。自从七月中我离开了费城，就没有足够的经济与时间资源来持续训练。不过，这个中断是我之前已经预料到的。我当时如此紧密训练的原因之一，就是要为接下来的这个Tango旱灾做准备。我希望把自己充实好，以便在没有很多跳舞机会的环境里，也可以继续成长。

现在的我，要把其他的事情专心做好，但我依然固定拨出时间锻炼身体，准备迎接再度有资源可以跳舞的那一天。两年之后，当我前往阿根廷进修时，我也许已不熟悉这舞蹈的细节，但我会是体格强壮的，我会是完全准备好要继续学习的。

• ——————— 妈 妈 的 话

Abby过了童年之后，我再次看到她跳舞是在曼谷的国际学校。当时她八年级，刚刚当上学生会主席。这是她从四年级转受英文教育之后，经过了几年的努力，克服了语言与课业上的困难，所踏出的表面看来满怀信心的第一步。然而，课业只不过是生活里的重心之一，她要面对的，远远多过这些。

那一天，我坐在观众席中看六对孩子在台上表演，虽然只是一场不很正式的演出，但Abby在众人面前跳舞的紧张与困难，我完全可以感觉得到。几位老师看她表演后所露出的惊异与爱怜的笑，跟我心中的感触应该是非常相近的吧！与其说她在跳舞，不如说她是想尽办法鼓起勇气挑战自己。在那个小小的舞台上，我的孩子不是在享受舞蹈之乐，而是用行动向自己宣告"不能害怕"。我以为，她是永远都不会喜欢跳舞的，因为，没有人曾看见过她在这方面的天分，而我们也一直习惯在早年就以"做得好不好"，来判断一个人的能力或喜好。

回台湾读初三那年，虽然Abby一个星期也会去云门的舞蹈教室跟着大人一起跳舞，但那只是为调剂埋首书堆、四体不动的生活，我感觉不出她与舞蹈之间有任何美好的互动。

上大学后，她去参加美国摇摆舞社。有一天我在她带回的录像带里看到她精彩自在的舞姿，一时之间，许多奇妙的感觉腾然升起。好像舞蹈本身一点都不重要了，我的眼眶之所以不停地泛出热气，只是因为她把一件自己曾经做得那么不自在的事，转变成无法想象的不同。她是怎么办到的？

再听到她去跳Tango时，我当然对她喜欢跳舞一点都不感到讶异了。无论在电话中或她回到我身边的时候，我欢喜聆听她与这个活动的心灵交会。

有一天她跟我说，舞蹈教室有位老先生问她："你这么年轻，为什么会喜欢Tango？这是一种很严肃的舞蹈。"我好奇地转头注视着她的侧面，跟老先生一样，我也想得到答案。在我们散步的路上，微风吹着她细细的发丝，她静静地说道："因为我是个严肃的人。"

Serious，严肃，的确是的，我想起吴霭仪谈"纪律"时所说的一段话："纪律并不是道德的问题，而是美的问题。"我完全同意，我认为Abby的严肃，也是倾近于她对美的认知。

又有一次，我们外出等车时聊天，我又问起Tango的事，她仔细描述为什么Tango对她来说是一种沟通。阿根廷Tango与一般人熟知的国际标准舞不同，是完全没有舞步编排的。跳舞的时候要很快地以对方投递的讯息来决定自己的响应舞步。她说，这就像沟通一样，好的互动都要正视对方的心境，打破自我中心的障碍。沟通！经过她的说明，我似乎比较懂了，也想起马莎·葛兰姆就是因为说谎被父亲识破，才决心在二十一岁时投身舞蹈的，她发现身体永远无法说谎，肢体的动作会发出真诚的沟通讯息。

除了分享她对Tango的心情与对一种喜好的投入，我当然也注意到Abby学习一件事情的时候，如何考虑自己的资源问题。虽然"学习"是一种再正当不过的花费，但她并没有跟我们提起学费的支持。为了要有半价的课程，她去帮教室工作；因为工作努力，别人愿意帮她更多的忙，所以她又从中得到祝福与快乐。我想，这就是她常常为自己打开的生活循环。

Thirty Minutes to an Hour a Day

At Workshop, I often meet with clients to help them figure out more effective approaches in learning English. The conversations I have during these hours tend to be enlightening; there is something uplifting about two people coming together to review the past in hopes to find better paths for the future.

In one session that was especially illuminating, I worked with a woman who was incredibly passionate about mastering English. During the first part of our time together, she shared with me a comprehensive overview of her background. It was clear, from the long list of her attempts, that the stagnancy she was experiencing was not from a lack of effort. "I have tried many different things, but I don't think any of these methods are working well." she sighed.

To make sure that I had as complete of a picture as possible, I asked her to elaborate on what she was currently doing. She answered that even though she didn't have much time, she made sure to read about thirty minutes to an hour of English every day. I was impressed. Every day?

"Yes, every day." she said.

"But you are not seeing progress?"

"Not really," she shook her head, "and I've been doing it for quite a while, too."

I suppose she had heard from many others that reading in English is an excellent way to improve. While that is certainly true, I wanted to learn more about how she was reading. After all, "what" we do is only the surface; "how" we do it can make a world of difference. I recently came across a quote that encapsulated this idea elegantly: "Practice does not make perfect. Perfect practice makes perfect."

As soon as I asked what she had been reading, my client began to falter and after a few failed attempts at recalling titles, she told me, "I just pick something up and flip through it. Nothing in particular, really." At this point, the mystery before me began to clear up. While thirty minutes to an hour may seem like an insignificant amount of time, when these bits accumulate across days, they can grow into something substantial. In a month, this woman would have spent around 15-30 hours reading in English; in three months, 45-90 hours; and in a year, 180-360 hours. That is a lot of time spent on English books. But what came of them?

Whether this client was randomly scanning a different material each day, or whether she was focused on thoroughly studying one book at a time, in name she read, and time still passed. But it does make a difference in the end, which choice she made. Our accomplishments unfortunately do not add up by the hours, rather by what we do with the time. Just as in running, a mere exertion of energy cannot guarantee that we will travel actual distance. We may cover as much, but without a clear goal, it is possible to run in a circle and end up exactly where we had started.

My client and I came to the conclusion that we needed to help her better define her daily language work, and we proceeded to brainstorm new plans. I went home later that day with the analysis still echoing in my head. The woman's story had inspired me to reexamine my own attempt at learning Spanish. From guiding others over obstacles, I frequently find reminders for myself — this is perhaps one of my favorite things about the work that I do.

That very night, I sat down with the Spanish book I had been working on. Though I had been ambitious in the self-study program launched back in August, the progress had not been consistent; I did as much as I could, whenever I had a spare moment but at this point, time was often hard to find. In revisiting the pages, I saw with renewed clarity that if I could anchor myself and commit to an hour of studying one short chapter each day, come the end of November (in two months), I would finish this book for sure. Then after that, I would continue onto my second book with the same approach: learning little bits at a time, but learning every single day. At this pace and with this discipline, I trust that I can gain basic Spanish proficiency on my own within the next year.

每天三十分钟至一小时

我们的成就并非以小时计算,而是这些时间里完成事物的总合。
我们也许有耗费的移动,但如果没有明确的目标,
就有可能绕着圈子跑,再怎么卖力也总是回到原地。
一定要从工作中得到更多的报酬——自己的成长。

我时常在Workshop帮助客户寻找学习英文更好的方法。这种时段里的谈话常常充满启发:两个人聚在一起,细看过去并充满希望地要找到朝向未来更好的路,令人振奋。

在其中一个特别使我省思的会面里,我的客户是一位对于学好英文充满热情的女士。她首先与我分享过去学习的完整背景,从那一长列的努力中,我很清楚地看到她所体验过的学习停滞,并非是因为缺乏努力。"我曾试过许多不同的方式,但觉得好像都没有什么效果。"她叹着气说。

我想完整地了解这位客户的情况,于是请她进一步描述目前的英文学习。她说虽然自己并没有很多时间,但是每一天都会拨三十分钟至一个小时阅读英文。我听了感到十分佩服。每一天吗?

"是的,每一天。"她说。"但你却不感觉有进步?"

"不太有感觉,"她摇着头说,"而且我也做好一阵子了。"

我想她曾经从他人听说,学英文进步的诀窍就是要多阅读英文书籍。虽然这是真的,但我想进一步分析她的阅读。因为,我们所做的事常停在表面,如何做这件事,则可以造成不同的效果。我最近看过一句话,很贴切地传达了这个想法:"光是练习无法达成完美。完美的练

习才能达成完美。"

我问她最近都读些什么书，我的客户开始讲不出话来。经过几次尝试回忆书名后，她告诉我："我只是随便拿书翻一翻，也没有特别固定看哪一本。"这时，眼前的谜慢慢解开了。虽然每天三十分钟至一个小时看似不起眼，但是这一点一滴逐渐日积月累，却可以变成一段很有分量的时间。一个月下来，这位女士便花了十五至三十个小时阅读英文书籍；三个月下来是四十五至九十个小时；一年下来则有一百八十至三百六十小时。这算是可观的英文阅读，但是这些时间的投资到底得到什么样的结果？

无论我的客户是一天一天随意翻阅手边读物，还是专注于彻底读好一本书，时间就这样过去了，而阅读的活动也算完成了。但选择会影响收获。不幸的是，我们的成就并非以小时计算，而是这些时间里完成事物的总和。就像跑步一样，不是施力就可以跨越实际的距离；我们也许有耗费的移动，但如果没有明确的目标，就有可能绕着圈子跑，怎么卖力也总是回到原地。

我与这位女士的结论，是我们需要为她每天的语言工作找到更明确的定义，也朝着这个方向筹备了新计划。我一直到天黑回家之后，还回想着我们的谈话。我的客户的故事，激发我更进一步地检视自己在西班牙文上的学习。从引导他人跨越障碍之中，我的确找到许多给自己的提醒，这可以算是我最喜欢自己工作的一部分。

那天晚上，我再度研究起那本我正在读的西班牙文课本。虽然我从八月开始了这个自修活动，起步就满怀大志，但在这方面其实并没有稳固的进展。我总是只在有空时尽量读，但现在的我，要这样随意找空档实在不容易。在回顾书本的内容时，我已清楚地看到，如果我能每一天固定拨出一个小时读一个短篇，那么当十一月来临时（再过两个月后）我将确定能够读完这本书。之后，我也要用一样的方法继续读我的第二本书，每次虽然读得不多，可是每一天都读。以这样的步调与纪律，相信在一年内我可以靠自己的努力达到基本西班牙文的流利度。

·———— 妈 妈 的 话

Abby回来这几个月，虽然不住在家里，但我们每天都一起吃晚餐，见面时也总是关心彼此一天以来的工作状况。常常是美好的回馈与快乐与自省，当然偶尔也有从工作而来的不愉快需要分忧倾诉。无论是哪一种经验，在交换心得中，我都能看到这个家庭成员一致的想法：一定要从工作中得到更多的报酬——自己的成长。

成长的第一个要件，就是不让沮丧和困难合理化，特别是情绪上所带来的波涟要如何不影响前进的心意，的确需要价值相同的伙伴互助。我很欣慰在这方面，孩子常常与我分享她们的心情，与各自渡过困难的决心。

记得大一下学期，Pony跟我说她缺过一堂课，理由是她觉得老师对她非常不公平。好几次集体讨论时，都不给她的作品任何指点，交叉评论他人的作品时，甚至跳过她，不给她发言的机会。到学期中，她沮丧极了，所以有一堂评论课她不想去上。

躲在宿舍时，她开始不停地问自己：我是为了什么而来到这么远的地方求学？如果因为老师对我不公平就放弃可以学习的机会，那不是真正成了傻瓜吗？不管老师教得好不好，公平说来，他还是有很多值得我去挖掘的东西；既然我来了，就要自己想办法尽量学。她说，虽然那堂课不应该缺席，但自己却因而冷静思考了许多事："我开始更认真地把心思集中在课堂的教材，完全不去思考老师喜不喜欢我的问题。学期末，我拿到了A。我学到了许多东西，这才是我真正的收获。"

无论在学习阶段或进入工作后，孩子与我所遇的沮丧从没有少过，但因为经常讨论分享，所以即使难题无法立刻解决，也不会成为情绪的威胁。如今除了工作之外，我们也各自有许多自修的计划。透过工作、透过生活的互勉与经验交换，我们成了彼此鼓励的好朋友。

Lunching with Ben

Ben was one of my clients while I headed the DP Advertising Department. Since we shared similar backgrounds, we quickly became good friends and even after I left the company, we continued to keep in touch. Ben was an especially helpful mentor as I began my job search toward the end of senior year. During that period, we would have lunch every few weeks and he would coach me through the process, sometimes critiquing my resume, sometimes pointing me in better directions.

One day after placing our orders at a Thai restaurant, he suddenly sighed, "It's tough times, you know?" As it turned out, his company just had a round of lay-offs not so long ago. "I'm safe for now," he said, "but we had to let go of some people I never expected we would."

He then told me about an analyst — his assistant — who had just joined the company a year ago. In his early twenties, the new comer was fresh out of college and full of enthusiasm. He did everything he was asked to do, plus much more. Ben respected the young man and had envisioned a bright future for him. Unfortunately, the analyst happened to be the last person they had to cut, to meet the layoff quota.

"It was very upsetting," Ben said. After a brief silence, he continued, "But I met with him the other day to see how he was doing. At the time, he was still looking for a new job. He seemed optimistic enough. We talked about the situation some more and by the end of the conversation, we felt this might have been something good for him."

I must have looked a bit confused because Ben quickly explained, "You see, for the rest of his life, he will have this experience in perspective. He will know how to deal with crises and know that they do happen. From here on, money will also mean something different to him. I'm sure he understands by now, the importance of saving up — that's something people his age don't usually realize."

"Yes, this is good," Ben seemed to relish the thought. "This is good that it happens now, while he is young. Some people aren't challenged like this until they are well into their middle age. It's much harder to get back on your feet when you are older, if you've never fallen before."

I left our lunch table every time with fresh insights. It was usually the case too, that I would bring something new to share with Ben. In the beginning of my job search, I looked for work similar to what I had been doing, mainly in marketing and advertising. Later, I broadened my scope to seek other possibilities. He was encouraging throughout, always listening carefully to my reasons and always supportive of my choices.

"With time, you will have more clarity." he told me once.

He was right. The last time I had lunch with Ben, we were again at our frequented Thai restaurant. I was there to tell him that I would soon be leaving for Taiwan, and I planned on starting my own business there. The job search had been a provocative experience; toward the end, with every interview and every compromise I was asked to make, I realized that I would prefer to steer my own ship, even if it's petit and not always steady.

Ben laughed. "I'm happy for you," he said, "and now you will get a chance to be with your parents and your grandparents too. That time won't come back, so hold on tight." I asked if he had any advice for me. He told me that actually, before moving to the States he had his own architecture firm back home. "For months," he said, "we worked day and night. Work was always coming in, but the strange thing was we weren't making any money."

So one day, he finally sat down and looked at all the figures together for the first time. He saw that even though they had an impressive income, they were expanding at a much faster rate than they could afford. Ben ended up having to fire most of his staff — a difficult decision, but he had to keep the company alive. The firm took a while to build up again, though after that they were in great shape.

"It was a very important lesson for me," Ben concluded. "I always pay attention to my cash flow from then on. Faster expansion isn't always better. When you start your own business, remember to keep track of your costs and don't overspend your resources."

At the end of the meal, we each ordered a glass of Thai iced coffee. I took a sip, the sweetness of condensed milk filled my mouth.

"Ben, this is so, so different from what I had set out to do," I couldn't help but comment. "You would know, you had been there from the beginning."

Again he laughed. "That's how it should be. In architecture, no construction is exactly like its original blueprint. We set out with a plan, but along the way we make changes and what we end up with often looks very different from the first conception. It's only natural."

驾驶自己的小船

> 我总是非常注意我的金钱管理。快速的发展不一定是比较好的。当你开始自己的事业时，一定要记得留意成本，不要透支自己的资源。我想她一定会想起节省不只是利己的选择，而是一种认识真相的眼光。

Ben是我在报社广告部当经理时的一位顾客。我们因为背景相似而成为好朋友，离开公司之后，我仍旧与他保持联络，在我开始寻找工作后，他更成为我的辅导者。我们每几个礼拜会同聚一次吃午餐，他就利用这段时间为我详细解说关于工作的事情，有时也会帮我检查履历表，或建议我往更好的方向前进。

"我们真是处在一个困难的时刻！"有一天，当我们在一间泰国餐厅点完菜后，Ben忽然叹了一口气。"不久之前，我的公司裁了不少人，我目前虽然守住了工作，但是公司裁掉了一些我连想都没想到的人。"

他告诉我关于一位年轻分析员的事。这男孩本来是他的助手，才二十几岁，一年前刚从大学毕业就加入Ben的公司。他充满活力，不但做了所有公司分配给他的工作，还不断找寻更多的机会。Ben很欣赏这个年轻人，觉得将来他在公司一定会出头。不幸的是，为了凑满人数，这男孩成了裁员名单上的最后一人。

"真令人难过。"Ben安静了一阵又继续说，"但是我前几天和他碰了面，想知道他最近过得好不好，当时他还在找新工作，不过看起来蛮乐观的。我们又谈起这次发生的事，谈到最后，两人都有同感：也许这次的裁员对他是件好事。"

我当时看起来一定有些困惑，因为Ben很快又解释道："你想想看，他接下来一辈子,都会用到这次经验所为他带来的不同观点。他将知道如何面对危机,并且深信危机确实可能发生。从现在起,金钱对他来说意义也不同了。我敢确定,他现在一定懂得了储蓄的重要——这是很多跟他同龄的年轻人还没能领悟的。"

"是的,这是件好事。"Ben又重复了一次。"也还好是现在发生这样的事,他还年轻。有些人到了中年后期才受到这样的挑战,年纪大了,就越难学习从这样的打击里再度站起来。"

每次我与Ben碰面,都有一些新的改变与他分享。在寻找工作的初期,我想要的是像我在《宾大日报》所做的工作。后来,我扩大了范围,寻找其他可能。每回认真听完我的想法与逻辑,Ben总会支持我的选择。"随着时间的探索,你会越来越清楚自己真正想要的是什么。"他是这样告诉我的。

果然,我们最后一次一起吃午餐时,又在同一间泰国餐厅见面。我是特地要跟他说,我不久后将搬回台湾,开始自己的事业。这次的工作寻找是个令我省思的经验。到了末期,每一次面试与每一个我被要求的妥协,都让我看清我决定驾驶自己的船,即使这艘船很小,也不总是够稳定。

Ben听后笑了。"我真替你高兴。"他说,"现在你回去,还可以和你的父母与阿公阿妈共度几年。那样的时光是不会倒流的,要好好把握!"

我问他有没有可以给我的忠告,他说其实他在搬来美国前,曾经自己经营一间建筑公司。"有好几个月我们从早工作到晚,每天都接很多的工作,却一点利润也没有。有一天,我终于停下来细看每项花费与收入。

全部的数字一起检查时，才发现我们虽然有很可观的收入，但为了要迅速成长，却超过能力不断在花费。最后我逼不得已，裁了大部分的员工。我很不愿意这么做，但唯有如此公司才能存活。在那之后，我花了一些时间重建生意，稳定后一切都很好。那对我来说是一次非常重要的学习，从此以后，我总是非常注意我的金钱管理。快速的发展不一定是比较好的。当你开始自己的事业时，一定要记得留意成本，不要透支自己的资源。"

餐后，我们各点了一杯泰式咖啡，我喝了一点，满口的炼乳香味。

"Ben，这一切真的跟我一开始要做的非常、非常不一样。"我说道，"你最清楚，你是一路看我走过来的。"

他又笑了："就是这样没错。我们做建筑的，从来不会把一栋楼盖得跟原本的蓝图一模一样。我们有了计划就开始工作，但是沿途不断改进。最后建设完成了，往往与我们起初的想法看起来大有不同。这是很自然的。"

———— 妈妈的话

Abby步出校门之前，美国已卷入金融风暴了。虽然她在毕业前几个月就已经开始探寻工作的可能，四处面试，但在美国居民自己都严重失业的状况下，她的居留身份成为求职上的一大阻碍。我想过她的心情，但并没有给任何的建议，只叮咛她，不要为了身份的问题而放弃自己对工作环境的选择，或做出太多的妥协。我希望她没有非留在美国不可的想法。虽然这四年来她已经非常习惯美国的生活，但是从小我们四处为家，搬迁转移的适应力会因为需要而再生的。

对于Abby恰巧遇上这样的不景气，我的想法跟Ben是一模一样的："未必不好。"真正的理由虽然说不上来，我却想起了一则引人深思的故事。

有个人在田边遇到一位农夫，问道："今年的雨水丰沛，想必庄稼一定长得特别好！"那农夫答道："不尽然，雨水多的时候，植物的根就不用扎得深，等连绵的烈晒一来，特别容易枯烂。"我想，这不好的景况一定是要帮助Abby把根扎深，要她懂得真实的社会远比她原先所想象的艰难。

那几个月，她一定在压力与自我的面对中不断地重整心中的计划；三月下旬，她很确定地跟我们报告要回台湾一段时间的消息，并开始积极地提出小小的创业计划。我们很赞成，既没有觉得她年轻创业太冒险，也没有觉得这样的开始格局不够大。在提醒她好好准备的同时，我们并敞开双臂真心地欢迎她的归来。

Abby在回来之前，每隔一个多礼拜，都会跟我深谈一次自己的准备工作进行得如何。对于她的分享，我总是认真聆听，再根据她的计划提出客观的感受，但避免强力推销具体的意见。在建议与牵着她的鼻子走之间，我努力掌握着自己的力道，因为，我知道我是一个想法与主意都很多的人，如何保留足够的空间给这个已经成年的孩子，是我一定要深切自省的。

更重要的是，我并不懂得她的专业，就算我比她懂得这个社会的生意运作方式，但真正的产品在她的脑中，我不能以一个外行人的眼光来破坏她原创性的想法，即使要修正，也应该经过她自己的探寻与研究。我不断跟自己说，我只是她的母亲，并不是她的事业合伙人。

Abby决定回来后，我们在电话中提到合租一个空间的可能，因为我一直想为小朋友创造一间可爱的商店，而她也需要自己的工作室。如果我们合租一个空间，在各取所需的同时也能节省一些费用。原本，爸爸拟要借她一小笔创业贷款，让她自己安排工作室的装修，但后来那空间是由我的同一组工人完工的，所以我们有了新的协商。Abby除了分担房租之外，还得按月摊还装修的成本；经过精算之后，她每个月得付出两倍于原有租金平分的金额。但这是公平而真实的，如果她自己去租一个空间，还是要先花一笔钱装修设备。

不只是租用工作室，回来的两个星期后，Abby也在隔栋大楼租到了自己的小公寓，从不远处的家里搬出去。她独立照顾自己的生活延续着宾大那四年的连贯，只是现在没有学校奖学金的支持了，房子、工作室的租金与生活费，都成了生活收支平衡的第一步——一项再真实不过的人生成本。

Abby一向很有计划，几年来省吃俭用从工作薪水中存下一笔钱，原本预计毕业后去纽约工作作为生活预备金的储蓄，开始派上用场。她也第一次用中文签下自己的第一纸契约书，一个大学毕业生所要面临的一切生活问题，在短时间内都快速进行与完成。在这个阶段，我已经不把这一切视为教养的训练，而是训练后的体现了。到底，我们是把独立当成一种口号或一种生活概念？到底，她是一架永不飞离地面的模拟机，或是真能自由航行、遨游天空的飞行器，此后才是真实的考验。

Ben是一位多么好的朋友，他对Abby说的话不只共享了经验，更鼓励了迎战人生的心灵："她接下来一辈子，都会用到这次经验所为他带来的不同观点。她将知道如何面对危机，并且深信危机确实可能发生。"

在一切都要细细思考成本的同时，相信Abby不只加深了她对努力与生存之间更清楚的认知，也会更懂得人要珍惜、感谢已经拥有的一切。

在这之前，无论她曾经做过几份工作、有过多少升迁的佳绩，在使用资源时，那当中的成本一定有很多是她无从主动感受到的。如今面对自己的小事业，无论大小资源，她都得为使用而付费，这真切的了解能唤起心里的珍惜。一旦从自身做起，以后无论去帮任何人工作，我想她一定会想起节省不只是利己的选择，更是一种认识真相的眼光。

说起来或许是很矛盾的两种想法，但我一直希望自己能做得到。她是一个成人，但成熟需要时间，我常想，如果我能同时理解这两个事实，才不会在不对的时间给错建议，或常常失落在过与不及的教养中。

What You Said You Would Do

I call Brandon Baker my soulmate. We have the rare sort of friendship that revolves around a lifetime of growth. We don't interact often — not now, not before. Even while we were in the same school, we seldom saw each other. These days with the oceans between us, it is even harder to communicate frequently. Though we always wish for more time, we find great satisfaction in the fact that after every chance meeting, Brandon and I part ways, inspired.

At first glimpse we seem to be very different people. But what we have in common is our constant search for better ways to engage with our lives. One of my favorite emails from Brandon is about the power of focus. I keep revisiting this message because I think he is completely right about the need to give our full attention to all that we do, and in this age of multi-tasking, it is something I am still striving to master.

this is what I have learned: the power to master your concentration on one thing at a time, at all times, is one of the most important skills a person can have. It is like placing a drop of food coloring in a 5 gallon jug of water. It is only a single drop, but it will affect every water molecule in the jug. This skill is much the same. it is only a single skill, but it will affect the way you do everything.

You and I are both busy people, and that means there is, at all times, an opportunity to mentally multi-task... an opportunity to worry about multiple things at single moments in time. I want to give you an example in my own life, because I think examples help to explain concepts much better than even the best theory.

As the professor is speaking, I find myself dividing my attention into about 20 separate parts:

"What is the professor saying? Who is that pretty girl looking at? Could it be me? Why does that guy keep looking to his left? Is he looking at the pretty girl? Oh, there's a bug. What did the professor just say? I wonder if the guy to my left cares about any of this."

And on and on, and on and on. Don't get me wrong: I hear 100% of what the professor says, and I understood 80% of it. But lately, I've been realizing that I've had this nasty habit of dividing my attention into dozens of parts no matter what I am doing. Shopping for food, walking on Locust Walk, taking a shower, etc. Only when I'm doing something that I have a passion for do I ever centralize my attention.

In the past few days, I've begun to change that, and I'm realizing that it can cure all my problems: from introversion to the fear of public speaking, to my problems with vocal clarity, to general feelings of well-being.

Lately I've been trying to focus as much of my attention on the task at hand as I could, and blocking out everything else. Regardless of how much success I have had, I have discovered one thing: my happiness (which is simply an aggregate reflection of the rest of my life) is directly correlated with how well I do this… No matter what I'm doing, from the most miniscule to that of the greatest importance — negative feelings go away, and I feel infinitely more in touch with myself and those around me.

Today, in that same class, I made it a point to envelope myself in the professor's words… to hang on every syllable, and in corollary, to block out everything else — especially people. I had a question about the material, and didn't give shyness a second thought. I simply raised my hand, and proceeded to ask the question. My heart-rate didn't jump a bit, as it always does. It was just natural.

Our topic of conversation continues across time and space. On another day, I passed on to him a phrase my mother had earlier shared with me: "We are not here to be somebody; we are here to do things." I told him I would like to live by this, because when we focus on what we do, rather than waste time worrying about how we come across — "Our character will naturally show," he completed my sentence. With Brandon, I never have to explain much.

After moving back to Taiwan, instead of sending an email detailing my life here, I wrote Brandon a list of things I had done in the month or so of my return.

He wrote back, "All I can think is, you're doing it. What you said you would do, you're doing it. I would wish you luck but I know you won't need it. I'm proud of everything you're doing and if you know me at all I almost never say that to anyone. So don't take it lightly!"

I never take your words lightly, Brandon. Every time I get your updates from across the world, full of new developments toward that eye-opening food documentary you vow to create one day, those same words echo: You're doing it. What you said you would do, you're doing it.

In between the dreams we're made of and the steps we take, we have our focus.

你说过你要做的一切

> 每当Brandon从地球另一端传来新讯息，我心里就共鸣着他所说的：
> "你正在做了。你说过你要做的一切，你都正在做了。"
> 在造就梦想与实际踏出的每一步之间，我们有自己的专注。

我称Brandon为我的灵魂之友。我们拥有着罕见的友谊，而连串这份友谊的是，我们都在寻求持续的成长。

我们并不常互动，现在隔着距离不能，以前即使在同一个学校也不常聚在一起。虽然我们总希望有更多共处的时间，但也十分满足于每次有过的思想的交流。

乍看我和Brandon，会觉得我们是非常不同的人。但我们共有的，是那个不断想用更好的方式来经营自己人生的精神。我的好友曾写了一封我非常喜欢的email，它的主题是"专注"。我时常重读这封信件，因为我认为Brandon说得完全正确：我们应当在做每一件事时，给予它所有的注意力。在这个鼓励人同时做好几件事的时代，我还是非常努力想要更集中自己的精神。

这是我所学到的：能够主宰自己的注意力，使它不论何时只聚焦在一件事上，这是一个人所能拥有的重要力量。这好比我们把一滴色素放入一壶五公升水里，虽然只是一滴，但是它会影响到这个壶里面的每一个水分子。专注是一种能力，它会影响你做的每一件事。

你和我都非常忙碌，每一刻我们都可能需要在脑海里处理多项思绪。我们随时有许多要担心的事。我要为你举我自己生活里的例子，因为实例所提供的解释远远胜过最好的理论。

当一个教授在讲话时,我发现我的注意力分散在差不多二十个不同的地方:"教授到底在讲什么?那个漂亮的女孩在看谁?是在看我吗?为什么那个男孩一直看着他的左方?他在看那位漂亮女孩吗?喔,那里有只虫。刚刚教授又说了什么?我真想知道左边那个男孩到底在不在意这堂课……"

就这样一直分散着、分散着。别误会:教授讲的话我百分之百听进去了,也懂了差不多百分之八十的内容。但最近,我一直注意到不管做什么,我都有分散注意力的坏习惯。无论我在买东西、走在大学路上或是洗澡,都是如此。只有当我做自己真正热衷的事,才能完全集中注意力。

在过去几天,我已经开始改变了。我认为这样做可以根除我的其他问题——从我的内向、我对公开演说的恐惧,到我无法更好的口语表达。我想这甚至可以增加我整体的幸福感。

因此,我尝试着在做一件事时尽可能聚集所有的注意力,而屏除其他的事。不管我是否成功,我有一个发现:我的快乐(基本上,这心情就是我的生活映照)与我能否做好这件事息息相关。不管在做什么,从最无关到最重要的事,只要我能专注,我的负面感觉就会消失。而我也发现自己更能与他人紧密联结。

今天,在同一个班里,我就这样下定决心让自己沉浸在教授的讲课里。我细嚼每个字,也相对地排除了其他一切干扰。在课堂中我对于教材有个问题,但我完全忘了害羞这回事,就这样举了手然后问了我的问题。我的心跳一点也没像往常般加快,好自然。

我与**Brandon**的谈话不受时间和空间的限制,持续延伸。有一天,我把母亲与我分享的一段话传给他。"我们不是来这里做好人,我们是来做事的。"我告诉他我要牢记这句话,因为当我们不浪费时间在意他人对我们的想法时,就可以专注于手中做的事——"我们的人格自然显露。"他完成了我的句子。跟Brandon说话，我从来无须多做解释。

在搬回台湾后，我没有详述我在这里的生活，只在一封给他的email里列下回国一个月间完成的事。他回信写道："我心里不停地想，你正在做了。你说过你要做的一切，都正在做了。我会祝你好运，但我知道你不需要运气。我以你为荣。如果你了解我，应该知道我几乎从不对任何人说这句话的，所以可别看轻它！"

Brandon，我未曾看轻你说的任何事。每次我接到从地球另一端传来的新讯息，说着你又为了那有一天会令人大开眼界的食物纪录片采取了什么行动时，我心里就共鸣着你所说的那句话：

"你正在做了。你说过你要做的一切，你都正在做了。"

在造就梦想与实际踏出的每一步之间，我们有自己的专注。

· ———— 妈 妈 的 话

Abby在宾大这四年，我去探望了她几次。当有机会跟她的朋友在一起，都引我回顾起自己年轻的时候。虽然我也有好朋友，但能与朋友展开这样的对话，却是在中年以后了。因此，分享Abby陆续的话题或文章，对我来说是跨越时间与社会的变化来了解她。虽然，不停回想自己与她同龄时的心情，也能帮助我给她适当的辅导，但透过她与朋友的分享，我才弥补了自己经验的不足。

"专注"这复杂的心智训练,对我来说一直是极其重要的功课,我总是凭借着专注,才能克服面对工作中的许多害怕,或不得不处理的突发状况。听到孩子与她年轻的朋友以生活为背景,从彼此得到这不断长进的力量,我似乎不只是读到友谊的美好,更看到一个人的成长是如何从他人身上得到启发与互勉。

记得今年夏天,我也有同样的感触。Pony有位高中同学旅游途经台湾,在我们家过了一夜。这两个十九岁的女孩在高中曾经同修过两年的艺术课程,毕业后一个去了康奈尔念建筑系,一个加入罗得岛设计学院。那晚,我因为工作忙而无法为远道的小客人做晚餐,但Pony已能为好友准备丰盛的晚餐与甜点。我加入她们时,烤在漂亮咖啡杯上的甜点正上桌,我看到愉快的话题中充满了忙碌与兴奋的气氛。

甜点还没吃完,只见Pony匆匆去房里拿出她的笔记本电脑,声音里满涨着高兴对我说,她们正要分享去年一年彼此的功课与作品。劝勉与激励的话题充满在我们家的起居室,连后来才加入谈话的我都受到美好的影响。

好朋友真是人生珍贵的礼物,一如Abby在文中所提:一起追求成长是友谊最好的串联。

掌稳梦想的方向——写给年轻工作者

"想要"不是一种目标,有了具体行动的计划才是。

人生是一个努力的过程,起先只是一份决心,

以行动演出后,便成为经验的成果。

我们不能靠着别人的意见来为自己定出方向,

唯有在遭逢艰难困顿时愿意背负更重、跨过坑洞,

才会真正懂得什么叫作"方向"。

守护年轻的资产

守护与培养的付出与觉悟,切切攸关着我们未来生活的愿景。
一个社会的好,并不端赖于自己孩子的优不优秀,我们都要被别人的孩子服务。因此,爱年轻人、真心诚恳地提拔与教导他们,的确是我们应尽的责任。

Abby回台湾后两个月,因为眼睛不舒服而去挂眼科的病号。我问她要不要陪她去,她说自己得学着自理生活中的一切,会搭公交车找到那家诊所。我叮咛:"在台湾看医生,你一定要自己主动问想知道的情状,否则医生可能不会跟你多说。"我余悸犹存地想起有一次去眼科就医,医生把我的眼皮深深翻起后,也不告诉我已经检查完了或有下一个步骤,让我非常难受地翻着眼皮坐在那儿,体验那句"一拍两瞪眼"俏皮话中的意境。

虽然我这样叮咛了,但Abby回来的时候却告诉我,医生并没有回答她的问话,从头到尾只有一个诊断,总共一句三个字"结膜炎"。之后,倒是护士帮她安排下一次门诊时,对她说了一句不可思议的话:"这个医生比较不好,下一次我帮你约另一个比较好的医生。"孩子蹙眉笑着问我:"妈妈,这是怎么一回事?"当我们围坐在餐桌讨论各自的看法时,一致的结论是:谁都不会以遇到这样好心的护士为幸运;因为,每一个病人都配得一个认真执业的医生。但如今,在这个社会上,期待遇到好的工作者却往往是生活中的奢望。

这个价值架构是从什么时候开始倾倒歪斜的呢?没有人能回答。但是每当我看到一个态度轻慢的年轻工作者的时候,必然也看到他成长过程中行为意志浇灌者的心思意念;"要怎么收获先那么栽",这句话完全可以预言我们培养社会接班者时的心态。这些省思等到从指责年轻人才开始，会不会显得太迟？如果在可以提供经验的阶段强化自己的影响力，会不会更有用一些？我常常忍不住这样自问。

有个下午，我在工作之间阅读日本建筑家安藤忠雄先生的自传，其中一句话不禁引我下泪——"我认为，必须将身负未来的学生，当成社会的贵重资产来守护与培养。"那种把年轻人当成贵重资产的体悟，我曾在新加坡生活的那几年中深深感受到了。而守护与培养的付出与觉悟，切切攸关着我们未来生活的愿景。

在孩子小的时候，我们所关心的都是他们生活在小范围之间的出类拔萃。但随着年龄的加增，所谓的竞争一定会提升到更高的层次，只有在那种认识之下，我们才真正感受到一个社会的好，并不端赖于自己孩子的优不优秀，我们都要被别人的孩子服务。因此，爱年轻人，真心诚恳地提拔与教导他们，的确是我们应尽的责任。

生活、工作与价值

> 人生的确是全面联结的，只是在全面中仍有短长，可能无法样样精美。
> 生活的价值是一种选择后的实践，无论在生活还是工作中，
> 一点一滴累积出自己引以为荣的表现，就是幸福与成就。

二〇〇九年，我开始了人生一个全新的阶段。这个暑假结束后，十八岁的小女儿Pony远赴美东上大学，我们夫妻开始进入孩子们都离家、人们惯称的空巢期。

曾经有二十一年，我毫无怀疑并致力于完成自己人生"阶段性"的任务——我希望以妻子、母亲的身份创造家庭的幸福感；我要求自己尽可能亲自照顾家庭成员每日的起居作息，并以最自然实际的方式，完成孩子的生活教育与训练。

也许是因为从母亲身上得到的经验，我很清楚要达到这份责任并不一定得放弃工作，所以，我一边工作一边静心检视自己的情况，希望不要落入工作与生活无法兼顾，不得不取舍的抉择中。我的目标是：建立一种观念——乐而为之；累积一种能力——有效的时间管理。

回顾二十年，这两件事对我人生的扎步是同等重要、缺一不可的。因为乐而为之，所以身心负重时，我并不觉得懊恼自怨；这就像背满行囊出门旅行的人，心里清楚自己的前方有个目的地，举步时便不犹豫艰难。而定心追求有效的时间管理，不只是思考判断的训练，更使我了解生活中的实作是一切能力的根本，我的积极完全源自珍惜时间的想法。

我相信每一个人对理想的生活都有不同的定义，人生目标当然不必是制式的，但如果能给年轻的朋友一些建议，我会说：尽量"具体化"自己

的目标很重要。

至少，在我们的内心，应该有一些明确想追求的要素，否则当时间像河水那样悠悠流过时，每过几年便会感慨地发现，自己竟不曾累积过什么，甚或试图探访过生命可能的深度。

我虚岁二十七岁当母亲，半年后便带着婴儿创业，一边照顾孩子一边工作。当时我对自己理想生活的定义，很简单也很清楚——我想要成为一个"担得起责任并不断进步"的妻子与母亲；我想要我的家庭生活食、衣、住、行、育、乐的质量年年有进步。

为什么"责任"对我来说如此有魅力，而成为我理想生活的重要特质？最重要的理由是从小到大，我在生活中看过很多"负责"与"不负责"的人，他们对于他人生活的影响，就像往正负两个极端发展的拉力。我知道，不管在人生哪一种角色上，如果我能养成"喜欢责任"的想法，必定会对他人有益，也一定能使自己感到满意与有所成就。

在确定这个目标之后，我开始朝着"有责任感"这个含意虽广却很具体的方向往前走。我努力善思任何可资利用的时间来互补家庭与工作的例行事务，然后以每个星期为单位，结算我该完成的工作。我对时间斤斤计较，因为挥霍不起；然而我的眼睛却很厚道，常常赞赏自己的努力。所以，虽然总是马不停蹄，但我觉得自己的生活是有成就也有价值的；因为，我的家人得到温馨的生活照顾，而我在工作上也与员工彼此真心照应。

这些成就虽然不大，但是，在我二十年的壮年人生阶段中，已经达到了我对自己的期望。而我所谓的"具体",就是这样的量力而为、不间断地朝目标前进,一步一脚印的生活轨迹。

我常常被年轻的朋友问道:"生活可以是全面的吗?人生的价值是否有个优先的顺序?我该放弃工作回家去照顾生活吗?"也许,对某些人来说,列出优先级逐次追求,才能确定自己的脚步;但对我来说,人生的确是全面联结的,只是,在全面中仍有短长,可能无法样样精美。

养育孩子的二十年中,我把工作发展的脚步放得最慢,但那并不代表我没有进展,因为在工作的时段中,我仍然全心全意求取自己的进步。

我常常很高兴自己得一边工作一边照顾家庭,因为这两种节奏使我的身心得到适度的调节,也使我必得更有想象力一些,才能在两方面都有好的表现。每当我离开一个处境,往另一种场地继续努力时,我不会觉得疲倦,而是庆幸自己能在如此多变的需要中生活,因而维持了一定的活力。

最近,我正在积极地计划再一次为极度热爱的工作自行创业。比之二十年前,我感到更宽阔的条件,是不必再考虑自己带小小孩而有的种种限制。但是,如果你问我,这种放手去做的自由自在二十年前就让我拥有,我的生命与工作的发展是不是更好?我一定会不经思索就回答:好不好我不知道,但那不是我曾经期待的。生活的价值是一种选择后的实践,无论在生活还是工作中,一点一滴累积出自己引以为荣的表现,就是幸福与成就。

跟你的工作谈恋爱

投身于工作与追求生活质量并不是完全抵触的两种付出；
问题的根本是：我们如何经营工作与自己、工作与生活的良好关系。
一旦调整眼光看待工作，那些"不得不做"的事会渐生美好的滋味。

我看到一份《远见杂志》新出炉的调查资料，其中一项说明了三十岁左右的朋友花在工作上的时间非常长，但他们心中的愿望却是想要追求更有质感的生活，于是调查的结论似乎显示了"理想与现实之间有明显的落差"。

对于这个结论，我自己却有一些不同的看法。

生活质量的追求与时间的灌溉，当然有着密切的关系，但是谁都无法否认，所谓生活的幸福，也与心灵的满足程度有着息息相关的联结。因此，投身于工作与追求生活质量并不是完全抵触的两种付出；问题的根本应该是：我们如何经营工作与自己、工作与生活的良好关系。

九月初，我送小女儿到罗得岛去上大学，在陪伴她的两个星期中，好几个早上，我从帕维敦斯搭火车到波士顿去。速度快一点的车班，四十分钟能到达市中心区，但黄昏回程时，却只有区间车的开驶。

九月的波士顿真是天凉好个秋，美丽但忙碌的火车站里，穿着风衣、背着计算机的上班族，脚步匆忙地往月台上走去。两层座位的车厢里、硬挺狭窄的椅子上，满满地坐着工作了一整天的疲惫身躯。窗外的天光慢慢暗了下来，车行每过一站，我就隔着车窗在微弱的光照下，看到一批人缓缓从小站月台走向一旁的停车场去开车。

不知道他们取车之后，还要再往林木蓊郁的荒郊小径开多久，才会抵达自己温暖的家。再过一两个月，天候的条件会更差，那段路走起来也会更辛苦、更寂寞吧！在异国的夜色中看着这些世间男女的身影，我不禁细思起，无论在地球的哪个角落，人与工作一辈子都要紧紧相依的爱恋关系。

我用"爱恋关系"来形容人与工作的互动，不是没有原因的。在过去的二十几年里，我的确是抱着这样的痴心来经营我对工作的情感。不只是对一份实质的工作，我也把当母亲、照顾家庭，当成是一份最有意义的工作来倾注我的爱。

我相信这种想法不只我有，还有更多的人同样爱着其实并不轻松的人生。那几天在波士顿返回帕维敦斯的区间车上，我观察到好几个利用行车时间仍然继续在工作的人，他们的脸上都有着一种不可思议的祥和与满足之感。我于是更加确定，工作与我们，一定可以建立起一种坚固、信实的支撑。人因为尽力工作所带来的心灵满足与合理报酬，而给了高质量的生活更完整的评价。我们了解自己是社会的一员，在互相效力的生活圈中，任何人的工作对彼此的生活都有实质的贡献，这种确认，使我们能另眼看待繁重的工作。

我遇过不少年轻人，他们对工作抱着一种成见，好像那是他获得幸福最大的阻碍，但是经济又迫使他们不能不工作，因此面对休假以外的日子，都过得非常不顺心。我很同情这样的朋友，因为这种观念就像一个倒置的金字塔，顶在一个偏差点上，却笼罩了整个生活。即使在不需要工作的休假中，他们也不见得能过得真正快乐，因为心里担心、也厌倦着就要到来的无尽循环。

在某些人的眼中，我是一个过度的工作者，但我跟"过度"两个字倒是相处得很愉快，从来没有过委屈的感觉。

漫长的二十一年，既要教养两个女儿又要工作，如果心思散漫或心怀质疑，如何能把每天该做的事一一完成？我肯定自己的努力是为了获得一种更好的生活，于是带着愉快的心尽力工作，自然而然成了我美好生活质量的一部分。

有句老话说："人生的幸福，不在于做我们喜欢的事，而在于喜欢我们不得不做的事。"我相信，这只是我们对人生负重初有的看法，一旦开始调整眼光看待工作、生活两忙的情境时，那些"不得不做"的事会渐生美好的滋味。因为，扎实的行动会变成习惯，而行动可以转化成性格。即使这种性格不能完全决定我们的命运，但那因为日积月累所造就的优势能力，也会帮助我们过出更幸福、更有质感的生活。

所以，我要给年轻的朋友一个最积极、也是我自己受益无穷的建议：调整你对工作与生活难以两全的想法；不管你的工作是否是自己的兴趣，好好跟你的工作谈一场人生相知的恋爱吧！

你一定会发现，在工作中磨炼成长的心，会更懂得如何品味生活。

珍惜生活经验

> 我很庆幸自己曾在一个浪漫、充满想象力的社会,
> 与另一个重效率、精算成本的国家各过了好几年。
> 生活是一堂丰美的课,不管在哪里,我都不断督促自己努力用功。

一九九六年底随丈夫移居曼谷时,我自己刚刚踏出第二步的餐饮事业因此而缩小规模。我担心自己的远行造成管理的不周,决定退出成大医学院简易餐厅的经营,虽然心里不免失落,但情感天平的另一端,家庭团聚的重量稳稳地压过了我对工作发展的企图心。

企图心不能尽情发挥,却不代表我对工作的热情一起熄灭。我很快地调整心情,也抓紧跨入异国生活的机会,用心观察、学习别人是如何营运我所关切的工作主题。

十二年前,在许多人的眼中,泰国是一个生活水平远远落于台湾省之后的地方。可喜的是,我抛开了所有的成见,用最真切的眼光体验生活中的一切。我甚至把泰国多彩多姿的生活创意与不可思议的商业概念,都用笔与镜头记录了下来,自己编排了一本书叫《揉揉眼睛看曼谷》。

第一次看到这本书稿的出版社,微笑婉转地拒绝了我。负责与我面谈的编辑对我说,也许欧美国家的经验会更适合我们借镜。十年之后,当我看到《远见杂志》的报道与严长寿先生的著作《我所看见的未来》中,都不约而同地谈起"康明医院"时,我想起当时自己曾经多么费心地进入康明医院的营养部与餐厅,试图探访他们为病人在痛苦生活中所创造的幸福之感;我也想起一九九九年,自己在康明动手术时,医院与我之间充满情感互动的记录。

不只是医院，在充满异国居民的曼谷，有太多、太多商业上的想法，都远远超过了我的认识与想象。我不只思考、分析，也在每个月来回于曼谷与台湾之间，慢慢把自己从中得到的启发带回我的工作职场，那种鲜活的感受与经验的转借，成为我酝酿更多灵感的温床。

虽然自己的经验无法借由书本与更多的人分享，但这失望倒没有浇熄我对异国生活的好奇心，我计划以更具体的行动深入期待的探索。曼谷六年的生活，对喜欢想象、看重实作的我来说，就像精读一本参考书籍——我学到创意与创业如何做联结。

当我纳闷为什么有人以不同的成本概念来经营租屋事业时，便决定以搬家来让自己有机会更深入地观察这个极有趣味的议题。每年租约一到，我就到处走动，寻找最想入住的大楼。也许是运气，也或许是我的积极造就了这些机会，在离开曼谷前，我已经把自己想住进的大楼完成了三分之二。我总共搬了五次家，两度住进被评选为管理最好的公寓。因为整年的居住，我才了解了这些屋主的生活概念与管理团队的实际运作，走马看花地观摩所无法深究的细节，我都从真正的生活中细腻地体验了。

不只是居住上的体会，所有生活的大小事也一样。为了有更多不同的感受，我会尽量舍弃因为喜欢而产生的消费惯性，强迫自己选择新体验。

二〇〇二年，当我从曼谷再移居新加坡的时候，我的生活又有了新转折。如果说，我从泰国的生活中学到美与趣味所延伸的创意概念；那新加坡所给我的教导，就是"务实"与"未雨绸缪"的生活观。

当年我们抵达新加坡时，经济正处于一片低迷，比之一九九六年初那次短期的客居，所有的生活条件已改变许多。我从其中的改变，感受了新加坡人在面临问题时是多么有弹性、毫不自我设限地透过多方协调，来重新定位下一步。他们的心态与动作，都只为让问题有更快、更好的解决。经济不景气时，总理甚至以福建话"漏气不会死，没气才会死"来鼓励高学历的年轻人改变自己的工作期待，以面对现实。

在新加坡生活了五年，我感受到这个社会非常远虑，也非常有自省能力。有一次，我去"移民局"办理居留证，心里才想着某一个流程的效率似乎不够好，再下一次造访时，问题已完全改善了。

当香港旅客批评新加坡人没有服务的"DNA"时，新加坡没有把时间用来讨论这批评是否让他们心服口服。报上很快地出现这样的报道：以莱佛士集团为首的一个小组，将从各方面研究，并透过教学来辅导各业界提升服务质量。我从新加坡的许多政令中学到：唯有深度自我期许的社会才乐于检讨；唯有检讨之后积极有效的行动，才能使自己进步。

我很庆幸自己曾在一个浪漫、充满想象力的社会，与另一个重效率、精算成本的国家各过了好几年。生活是一堂丰美的课，不管在哪里，我都不断督促自己努力用功。

以行动演出努力

"想要"不是一种目标,有了具体行动的计划才是。
我们不能忘记,要帮助年轻人了解:人生是一个努力的过程。
努力起先只是一份决心,以行动演出后,便成为经验的成果。

有一天,我跟大女儿分享自己订定目标的想法。虽然在人生不同的阶段,我们母女常常讨论这样的问题,但因为彼此的经历不断改变,所以随着成长所交换的心得便越来越深刻。

从升学到就业,人不一定一次就能定位好自己的大目标,因此在这个阶段,年轻人最需要建议与辅导。他们既不能失去对社会现实与激烈竞争的了解,也不能因为认知偏差而失去踏稳实地、逐步努力的信心。所有的大自信都是从小成果集合而成,如果社会过度标榜少年有成的极端例子,就会促使年轻人建立一种人生观,在还不懂为地面的房地产储蓄前已拼命建造空中楼阁。我们不能忘记要帮助年轻人了解:人生是一个努力的过程。

二十五年前,虽然我才是一个大四的学生,但对"掌握"与"行动"的认识已经非常清楚。在离开校门前的半年,我开始寻找适合的工作,虽然学校在台南,但只要台北有任何机会,我都不辞路远、努力尝试。我很想通过各种测验来了解,当自己要投入这个社会时,被认可的条件有哪些?

离开校门前,我很幸运地通过了几次考试而得到不同的工作;更幸运的是,我决定加入新加坡航空公司。在第一次单独与总经理会面时,他对我讲了一句话,使我这社会新鲜人因此而眼界大开。总经理态度和蔼,但语气很严肃,在一席谈话与勉励之后,他跟我说:"这第一个月里,你可以随时离开新航;新航也可以随时要你走。"直到今天,这句话所带给我的震撼与教育,使我永不忘记当刻的领悟:在一份事业与工作中,永远不会只有我单向的条件与喜好在运作、决定。这人生的第一次鸟瞰,使我永远懂得努力的重要。

努力起先只是一份决心,以行动演出后,便成为经验的成果。我翻起好久以前的笔记给女儿看,与她分享为什么我可以了解所谓目标并非总是远大的;决定要如何从最小的行动做起、如何分配最短的时间,其实更为重要。是这些生活细密的累积,帮助我们完成大成果。

我的笔记上写着:"假如你迟迟不能决定生活的目标,终有一日会发觉,原来在犹豫不决中过活,也是一项决定。"

我记得女儿听完后,用英文一连串地回答我:"真的!真的!"又过几天,她高兴地说,当她跟留在宾大工作的朋友谈起我们分享的话题后,隔天那位朋友马上来信表示,他已认真地从工作中每天规划出时间,积极准备研究所的考试。在此之前他一直举棋不定,虽有想法却没有行动;现在他了解,没有任何一种决定,会比开始一个行动更为重要。

我又跟孩子说,我常常问自己三个问题:

我想做什么?
想了之后该做什么?
而后在这一段时间里,我又真正做了什么?

这三个自我检视不断提醒了我:"想要"不是一种目标,有了具体行动的计划才是。

在人生的旅途上，不要分心

往目标走去时要专注，才是真正的快捷方式，分心会耗去过多的精神与资源。

行动能使我们以更具体的方式专注起来，不知名的疑惑会消失，我们能重新掌握自己的感觉被寻回了。

与我一起工作的伙伴在职场上哭了起来。虽然那一刻我们的手都已经忙不过来、全神贯注地在调理食物，但我还是可以感觉到她的语音中满塞着泪水与沮丧。当时，低垂着头的她并没有回答我等待的工作响应，只轻轻地说了一句："我需要去洗手间一下。"然后转身离开了。

虽然知道她在哭，但用眼角余光看到这一切的我，并没有放下手中的工作赶去安慰她，只交代另一位也在忙的同事抽空去看看。我们同工了一段时间，我知道她需要的，并不是我的安慰，而是用更理性的方式来摆平自己内心的挣扎，克服那些我可以想象到的自责与提问——为什么我老是不能把事情做好？我会不会给别人带来麻烦？同事会不会因此而嫌弃我？

当我们有这些问题的时候，即使别人好意安慰，其实也得不到自己真正想要的信心。那些难关只有靠着专注于工作，观察应该改善的地方，慢慢解决窒碍，才能得到真正的宽心。

工作多年，我当然知道每一个人都会在不同的阶段中遇上困难，有时候情绪就像浪头一样，将我们从正常的心情小舟中打翻落海。这种挫折感与失落，并非不可原谅的反应，但是，如果花费过多的时间不断在处理情绪问题，就真正会耽误我们人生的行程。

我从很年轻的时候就养成一种习惯，每次因为遇到困难而沮丧，我就问自己一个问题："是谁承诺过，你的人生一定会一帆风顺？是谁说你做任何事都会成功？"渐渐地，我开始有了一种心情，学会去记住自己的努力，欣赏自己做事的认真。我渐渐淡忘掉成功与失败表象的意义；我更学会在任何不顺利的事件发生时，不再问"为什么是现在"，或"为什么是我"？

时代改变了，我们虽然忙碌，却比前一代的人花费更多时间在探讨自己的情绪问题。我觉得认识情绪的健康管理很重要，但是永远不要忘记，行动能使我们以更具体的方式专注起来，其实是一种非常好的心理治疗。

有一次跟好友邓美玲女士在信件中谈操作家事的好处，她在回信中呼应我："真的，每次觉得心情低落时，只要开始擦地刷洗，过一会儿就觉得好多了。"虽然这些都只是生活小事，但就在我们采取行动的那一刻，不知名的疑惑会消失，我们能重新掌握自己的感觉被寻回了。

每个人都喜欢有目标的人生，却不是人人都懂得提醒自己，往目标走去时要专注，才是真正的快捷方式，分心会耗去自己过多的精神与资源。

我对专心有两项实际的目标。一是朝着目的地直行——我既喜欢餐饮，就应该努力探寻自己的爱好，用"久"来证明我对这份行业的喜爱，以用功的态度来证实"资深"不只是当行够久，更应该有优质的工作经验。

我勉励自己专心的另一个目标，是尽量不耽溺于情绪的问题。生活中总有许多想做、可做与该做的事，除非我们非常放纵自己，否则绝不会找不到其他的事，来帮助情绪的转移。

我常常遇到一些年轻的朋友，他们花费在与他人讨论或解决生活与工作疑惑的时间，远超过我的想象。在过度的讨论中，我想提醒他们：先不要急着找答案，做做看再说。也许真正的答案，就会在过程中显现出来。

就像我给那位哭泣朋友的鼓励，并不是一番言语的安慰，而是隔天在她站上工作台时，以满怀期待她进步的心情，为她摆上定时器，一如往常地要她在时间中好好把工作完成。

我相信，我对她可以跨越自己、克服情绪的信心，比柔言软语的安慰更实际有用；也相信她会渐渐懂得，如果人生有梦，就得踩着困难直步向前，不能分心。

工作的三个条件——情绪、智力、体力

在工作中,情绪、智力与体力互为影响,会彼此增长力量;
更重要的是,一旦养成思考与检视的习惯,
我们就跟工作变成了此生真正的好朋友。

跟多数的人一样,我喜欢长长久久的事,所以,在决定要接下一份工作的时候,我常常检视自己的三个条件:情绪、智力与体力。我发现,这三种条件如果借着自省好好照顾,可以彼此产生影响。

在工作中维持好情绪是一种责任,而不是对他人的恩惠。一个懂得维持良好工作情绪的人,身心的劳累与不必要的自我困扰都会减到最低。不要忘记,我们的精力有限,不要为不好的情绪虚掷精力。

我记得有一次一位员工哭着对我说:"我这样做也不对、那样做你也不喜欢,如果你觉得我的工作不能顺你的意,那我不要做了。"我听了之后,非常惊讶她竟有这样的想法,于是跟她说了一段话:"你如果不想做,我绝不会勉强你。不过,要分清楚:不是你怎么做都不合我的意,而是你没有把工作做到应该有的标准。每一件事都一样,并不是把它'做完'就算完成,更重要的是要'做对'。如果你老是做不对,又希望我不指正,你觉得这样公平吗?我们的工作质量要怎么维持?"

好几个月来,她一直把心思放在我纠正时背后可能有的想法,所以一定无法专心于工作的进步。为什么修改的时候总是过与不及?因为她没有真正了解我们的工作目标是"刚刚好",只一直在考虑我说偏右不好,那就来个大偏左吧!如果我左右都不合意,那当然是找麻烦了。她把重点都放在我这个人的身上,而不在工作本身。

不能在工作中维持好情绪，常常是因为我们忽略了工作的本质，而在其他的细枝末节上用心。那就像开车不专心一样，情绪失焦会带来危险与烦恼。

工作中的情绪不只是有开不开心、顺不顺手的心理反应，我自己更常出现的情绪是"害怕"。演讲前、教学前、截稿前、走近店里却看到准备工作漏东漏西、没有备齐，那种种的害怕都使人感到焦虑。到目前为止，除了"专心"之外，我还没有更好的方法可以克服这些工作中不断产生的害怕。不过，我也真的从行动当中得出一种经验："想的时候才怕，做的时候就没有那么怕了。"所以，一旦我开始感到害怕，我就知道自己唯有更专心工作，才有办法跨越心里的那层疑问与障碍。

不停地工作使我了解，一定要学习更多的专业知识，更要珍惜工作所给予我的练习机会。这就是我要说的第二个条件——智力。

累积工作智力的方法有好几种：

屏除无谓的杂思，专注于工作本身才能思考其中的道理。工作时别把自己当机器，要思学并进，整理自己段落工作后的所得。

要打开胸襟，从别人身上学习更好的工作习惯与要诀，也要静下心来看自己。该欣赏的长处要记得给自己赞美，那是自信的根源；该检视的地方更要坦诚，那是进步的过程。工作经验越丰富，我就越发觉得，使工作愉快的原因，不只是 work hard 也要 work smart。

当然，增进工作智力的积极方法，还有勤奋阅读与收集信息。阅读的习惯永远使人受益，不只能借此获得相关的知识，也使人的心思更澄澈安宁。我越忙越不能离开书本，读书使我有一种受到奖赏的快乐。信息的收集也很重要，但在这个任何事都迅速膨胀的时代，了解自己的时间有限，不要彷徨在信息无止的探讨里，也一样重要。

体力当然是人能不能好好工作的重要条件。照顾自己的健康能保持工作中的体力，不过，好好规划工作之外的作息，更关系着体力的应用。我看过许多人一离开工作就得用尽情玩乐来放松自己，等到返回工作岗位时已疲倦不堪，这种循环无形中让自己越来越像工作的奴隶。

我们做每一件事，都经过自己的选择，至少在接受一份工作之前，都了解其中的种种条件，如果不能胜任或对当中的限制感到不满，不要充满怨怼、不负责任地继续下去。你可以自己想清楚，毅然决然地离去，再去找一份更适合自己的工作；要不然，就留在岗位上做一个让人对你的态度感到敬佩的工作者。

要培养自己好的工作情绪、工作智力与工作体力并不难，因为这三者互为影响，会彼此增长力量；更重要的是，一旦养成这种思考与检视的习惯，我们就跟工作变成了此生真正的好朋友。

自信与能力

有些人相信，不管能不能胜任的工作，都要不顾一切争取，
并认为这就叫作自信。积极当然是美好而重要的，
但真正的积极并不是只懂得争取机会，还要不断追求能力的增进。

把一件事做好，至少需要两种条件——一是信心、一是能力。我觉得人生最快意也最困难的，是在这两者之间找到一个精确良好的平衡点。

很多人觉得自信很重要，好像只要有自信就可以成就能力，所以动不动就爱对朋友喊话："要有信心啊！"似乎这种非常复杂的心理经验是一份再简单不过的想法，只要你愿意，就一定可以随时拥有、取用。

我倒觉得，自信无法凭空而来，即使有人不断对我们说"你好棒！你一定可以"，我们因此而得到的，至多只是鼓励自己放开脚步的"勇气"，而非"自信"。我们对自己产生信心，是因为有过"完成任务"的经验，无论那份经验是不是非常完美，一旦经历过完整的处事过程，我们就因此而有了检讨与精益求精的着力点。从这份经验的基点上，我们渐进地体会到信心的力量，我想这就是成熟的开端。因此，我总是非常珍惜生命中任何可以实作的经验；我视这些经验为培养能力的机会，也从实作中累积出属于自己的信心。

跟许多人比起来，我很年轻就开始创业，在二十七岁那年，带着六个月大的女儿无怨无悔地走入我的餐饮梦。那一年，从定店、装修、餐食设计、实际的操作与员工训练，自己全部一手包办，身体的辛苦与精神的压力之大，都是这一生中头一次的经历。当时，我的自信仍然是源于一份自知的能力：因为我从小娴熟烹饪之道与处理家务时优先级的重要。

我还有一种别人完全无法从我的外表与家境中得知的自信：不怕吃苦。虽然我知道开餐厅非常辛苦，但我愿意吃这份苦来完成自己的梦，热情是我圆梦最好的条件。

我的餐饮梦一做就是二十年，如果不是因为自己对它的热情始终如一，我不敢在此与大家分享这种经验。因为，我是那种在乎天长地久的人，而不是对梦想能停留在曾经拥有的满足中。所以，我总会劝告年轻的朋友，如果真的有梦，要把耕耘看成目标；通常，我们会在许久许久之后，才能体会到丰收的甜美与努力工作所回馈给生命的礼物。

这几年，我常常遇到一些年轻人，他们言谈举止之间显得非常自信，那些表象给予人的信赖感，的确能赢得某些好感。但工作场上，实力才是最具竞争力的优势，如果我们与人共事，能力却远远追不上彰显于外的自信，往往会带给别人极大的困扰与损失，也因此永远失去了再次合作的机会。所以，我对自己的训练与期待是：能力与信心有贴切的吻合。

有些人相信，抓住机会很重要，因此不管自己能不能胜任的工作，都要不顾一切地争取，并认为这种积极就叫作自信。积极当然是美好并且非常重要的，但是真正的积极并不是只懂得争取机会，还要懂得不断追求能力的增进。

虽然我自己创业很早，但我并不认为年龄是创业最重要的关键。有的人在年轻力壮、勇气百倍的年龄时创业，却没有成功；有的人在中年时才创业，也并未与社会脱节，反而步行稳健。所以我认为，创业的人应有的特质是：习惯装备自己，愿意不功利地尽力耕耘。

最近，我收到一位读者的信，发信的是一位三十六岁的年轻母亲。在信中，她告诉我自己不怕吃苦，希望能有机会来跟我一起工作，因为她也有餐饮梦。尽管每隔一段时间，我总会收到几封这样的信，但真正可以克服困难、持续前来的人其实并不多。我了解人在"想"的时候，通常比较有冲劲，要行动时，便有许多疑虑足以阻碍心中的勇气。梦想之所以常常无法启程，总有它合理的阻碍。

我接纳了这位每天远道而来的朋友，想要好好教她，并希望她以自己的勤奋与执着为基础，早日能离我而去，独当一面。我认为三十六岁是非常好的年龄，三十六岁而有梦，并愿意为梦排除万难、努力追寻，就是我预估她可以成功的条件，而启程之前，她正以十分辛苦的工作脚步在磨合自己的信心与能力。我知道一旦两种条件齐备时，梦想的门一定会为她敞然开启。

你没有看过她在厨房里的样子

我不禁想象着那份能把门打出一个洞的沮丧心情，
她的生气我完全可以了解。面对错误并不可怕，
面对客人无法完整地收到她原本的心意，才是让她沮丧万分的原因。

应邀去"薰衣草花园"为社内员工演讲时，执行长看着讲题向大家说："今天我们不会听到数字的分析，不会听到效率的问题，我们要一起分享另一个温柔的主题——好大人。"

我接过麦克风开始分享"好好生活、好好工作、好好说话"之前，告诉大家说，事实上我是一个非常重视效率的人，因为一个人如果期待要兼顾生活与工作质量，就不能不讲究效率。但似乎所有的人又都觉得，温柔与效率，或温柔与坚持，是不完全兼容的特质。

读者们特别喜欢向我的孩子打听我温柔的真实度，因为他们从几本书里勾勒出一种印象，觉得我永远不生气；还有人问道，我们是不是没有情绪。

这些由孩子们传来的问话，常常成为我们家餐桌上的笑谈；而对于温和的尺度，想必我们全家也已经有了一些特别的看法。我可以说，一个互相了解、珍惜好气氛的家庭，必然会少掉许多争执，那或许是成就我的温柔最重要的理由。

在一次晚餐里，我们一家又说起"温柔"这个话题。Abby提起她在费城曾经非常仰慕的一家小餐厅，因为她有一位同学刚好在那里打工，所以在一次拜访中，她终于见到了那位有名的女主厨。Abby形容那位女士的声音好轻，举止态度好温柔，所以她也推测这样的人，应该是不会发脾气的吧！

有一天，同学之间聊起这位女主厨，Abby说出她对这位女士的想法，当时他的同学回了一句话说："你没有看过她在厨房里的样子！"

虽然一时之间，我还不清楚故事的内容是什么，但听完这句话，不知道为什么我笑了起来，"你没有看过她在厨房里的样子！"这难道是在说我吗？一个走进厨房里，全部感官都会自然紧张待命的工作者。

那位同学说，他在餐厅的工作是负责摆配菜盘，那一天，有两个盘子应该放上不同的配菜，但他弄错了，等主厨发现的时候，有几盘菜已经送到客人的桌上。这样的错能有多严重呢？而那位温柔的女士又有什么反应呢？

"我起先以为她要把我杀掉，看到她为了自己设计的菜放错地方而如此生气的样子，完全把我吓呆了。不过，她终究没有对我下手，只不过把我们通往后面厨房的门打出一个洞来而已。对她来说，这个错误完全不可原谅。"

听完故事后，我不禁想象着那份能把门打出一个洞的沮丧心情。她的生气我完全可以了解。不，应该说，最难以接受的并不是愤怒而是懊恼——一位全心全意的工作者因为无法事事躬亲却必须全部承受错误的懊恼。面对错误并不可怕，面对客人无法完整地收到她原本的心意，才是让她沮丧万分的原因。

她心里应该不是责怪已经犯下的错，而是不了解；不了解为什么犯错的人不像自己那么在乎客人的感觉、完美的呈现。我知道那种斤斤计较、事事在意的心情；我也知道有时候那份期待是永远不会被了解的，尤其在一个温柔的外表之下。

挑　剔

"要求"到底会变成一种吹细毛而求小疵的责备，
还是一种被认可、虚心接受的自我期许？
这跟人在思考一件事情的位置，有着重要的关系。

有一阵子，我几乎要怀疑，自己是不是一个对人要求过度、做事吹毛求疵的人了。因为，我发现自己老在"挑剔"厨房里的伙伴——这里的火候不够，那份青菜煮得过熟；走到外场时，我一眼就能看到哪一面镜子不够洁亮，桌上植物的叶片没有挑整清爽，蛋糕柜里有不该摆放的东西没有撤到厨房的冰箱……不断指出这些建议时，我可以从响应的眼光中了解大家的不好受，但我却无法因此而停止自己的要求。

在工作中，我们应该学习好好看待"挑剔"的意义。因为不同的观点与角度、不同的专业认知与自我期待，使我们在工作中提到"挑剔"这两个字的时候，似乎只显现了从权威的立场所产生的责备行为，它总是带着负面的评价。

花了一些时间，我才把自己面对这种问题的心态调整好。我终于了解："要求"到底会变成一种吹细毛而求小疵的责备，还是一种被认可、虚心接受的自我期许？这跟人在思考一件事情的位置有着重要的关系。

如果，我们所有的工作人员都站在同一个立场，心里惦记着消费者的感受，关心他们对我们的产品与服务会有什么印象或反应，那么，所有细节的要求就只代表着工作中一种极为美好的自我期许。

但是，如果在交换这些意见的时候，我们是以人际、以主雇之间的要求落差为基础，那么，这些微调与要求就很容易擦枪走火，暗暗转成冲突。

我曾在许多职场见过这样的场面，几位员工放下该做的工作，凑在一起愤愤不平地讨论他们当中有人受到的工作指责。当时，在我的立场里，根本就不可能关心他们被责备的标准是否公平，因为，作为一个被服务的对象，我已经深受这种不敬业的态度所波及。当一个人放下自己的责任不管的时候，很难有够好的立场来要求他人的谅解。

我常常看到有些人喜欢动不动就拿"完美主义"来揶揄工作卖力的人，我自己倒常常想到"尽力主义"。对于一件事设定比较高的目标，朝着一个可以更好的标准努力。在抵达终点的时候，因为曾经如此尽心尽力，就算结果不尽完美，也能对所有的成绩感到坦然。

我喜欢工作，总想要把一份工作尽自己的能力做好，或唤起伙伴一起努力的热情。我希望自己的挑剔能得到员工的认同，让取法其上变成大家一起工作时的思考习惯，让精益求精变成快乐的自我期许。

挣　扎

当我诚实地面对自己的不足时，通常就不会只停留在口头上的争辩；我不再想说服别人了解，我之所以无法达到工作目标的种种理由，我看到的是自己有待努力的空间。

师傅进入工作室铺设地毯前，我特地去跟他商量一件事。因为九个月前装修另一个空间时，地毯也由同一家负责施工，那地面使用不久之后，接缝就出现了不够密合的问题。当时因为面积太大，我并没有坚持撕掉重做，但也不想看过就算，所以，我几次蹲在缝隙前观察裂纹到底因何而起，推敲出下次铺设时可能更要注意的种种细节，并把这些想法记在心里。

再度施工时，我先跟师傅谈起上一次出现的空隙与因此脱落编线的问题。交谈中，他只是非常坚持我所说的是一种"不曾"也"不会"出现的状况。我费了一番唇舌，想说动他先去现场看一下再讨论，却没有成功。师傅说，等他做完之后再去看。我知道无法勉强但心里不免失望，因为做完再看不就没有意义了吗？如果能先了解问题，或许就有机会防范错误？而且两个场地之间的路途来回不到十分钟，花一些时间而能了解工作中的问题，应该是值得的吧！我很疑惑，为什么得让一个问题停留在言语的辩论中，而不马上付诸解决的行动？

地毯的问题使我想起生活中有许多类似的心情，我把它概称为一种"挣扎"。它代表了我们同时面对的一些问题，但不同的人会用不同的观点来解读。

面对生活的时候，我看到习惯挣扎的人会为自己加重许多负担。他们跟别人争辩，跟自己拉扯，花用许多宝贵的时间与精神，把原本单纯的问题复杂化了，但迟迟不肯接近问题的中心。有一些人却不一样，他们恨不得赶快看到问题的实貌，尽快找出解决的方法，我非常愿意学习他们面对问题的态度。

"口头上的争辩"或是"针对问题讨论"，在我的心里的确有着清楚的界分。我管束自己不要混淆当中的界线，因为前者浪费了时间却不一定有帮助，而后者则是一种积极的探讨。那么，是什么样的心情帮助我厘出那条界线？我认为是"诚实"。当我诚实地面对自己的不足时，通常就不会只停留在口头上的争辩；我不再想说服别人了解我之所以无法达到工作目标的种种理由，我看到的是自己有待努力的空间。

虽然工作或生活中的"沟通"很重要，但"沟通"的定义并非不停地讨论。有时候，我们得先放下争论或意见的不同，从实际的行动中去磨合出真正了解的渠道。

我曾遇过一位员工，她非常喜欢明辨事理，凡事如果不先讨论出自己满意的条理来，就不采取行动。我很欣赏她的"思而学"，但还是劝她不要忘了"学而思"；有些工作，我们之所以无法感受到清楚的轮廓，是因为我们还未采取行动。我在多年的工作中所体会出最深刻的道理是：思与学如果能成为两股并进的力量，不但使能力进步，也会使精神充实愉快。

不挣扎并不代表没有见解或盲从，它其实反映出一种更踏实、宽广的学习心情或工作态度。就像那片地毯铺设的过程一样，想了解专业中可能发生的任何问题，是工作上的探讨；争论可不可能或问题的责任归属，就变成一种并不需要的抗拒与挣扎。

有位朋友跟我说,她常常在工作回家之后,花很多时间思考为什么同伴或老板不喜欢她,因此情绪非常低落。我问她可曾在工作中被指出具体的问题,她说有,虽然知道那的确是疏失或错误,但她更相信是因为发生在自己身上,所以问题才被放大了。

我知道这种想法很普遍,却不会因此而认为这是正确的态度。我宁愿那位朋友把心力更集中在提升工作质量之上,而不是花费如此多的精神来思考人际关系的问题。心理学家说过:"上班时的任务是把工作做好,而不是去处理遇到的情绪问题。"我相信"专心"与"责任感",的确能帮助我们提升工作上的精神感受,避免挣扎所带来的困扰与负担。

我很羡慕稳稳掌握自己的朋友,也总在那稳定之中读到他们共有的力量——关心事物的进展与功效胜于自己的种种感受。我知道跟这样的人合作进步最快,工作质量也最扎实。

老板情怀的自我训练

领导者都需要有环顾全景的能力，要训练自己有老板的情怀，就不要一心期待那所谓清楚的责任划分。懂得分工是效率，但懂得督促自己关怀总体的工作进度，才是自我能力的成长。

有一位员工好几次跟我谈起，店里的工作太辛苦。她所说的都是我能了解的——工作时间太长，体能太耗费，休假时间无法与朋友配合。千计算、万分析，她得到的最后结论总是：因为我是"老板"，所以才能如此勤奋地坚守岗位。

我把这年轻孩子的话仔细地想了又想，觉得这些道理对我来说其实似是而非。因为，我更想知道的是，如果我把老板的位置让给她，那每日新鲜勤奋面对工作的心情，可会自然而然地转化到她的身体与概念中？

我所认识真正勤奋的人，他们的分类并非从角色而来，而是一种根生的性格或源自自我的学习要求。或许这样说才更合理一些：每天勤奋工作、努力耕耘的人，总是比较有机会当老板。这个事实如果从结果论来分析，就变成了老板是因为事业的成败关乎着自己的利益，所以总是无怨地工作。

如果当老板是创业的代名词，我真的很愿意给年轻的朋友一个建议：在自己还是员工的时候，从工作中去培养自己拥有"老板情怀"。

什么是老板情怀呢？

——承担结果的准备

我因为很年轻就历经这种心情与处事的训练，因此在做任何事情的时候,尽力负责任成为我唯一的想法。踏入社会二十几年,我并不是做每一件事都担任"老板"的角色,却因为在自己小小工作上的老板情怀,不管做什么,负责都成了我唯一的目标;努力参与使同工的目标尽快达成,也成了我的一种工作性格。

几个月前有个黄昏,我那小餐厅的订位已满,当所有的烛光点起,我们正准备要开门迎接晚餐的客人时,外场一位对工作很熟悉的员工,突然走进来跟我说:"我心情很不好!真的觉得今天不能工作了,我突然很想我爸妈的脸。我可以回家吗?"

我可以回家吗?我盯着那张完全以自己为中心在思考的年轻脸庞,心中闪过她几次对我说话时,最感到骄傲的就是自己的"敬业态度"。如今在这个工作的重要时刻,她不可能不了解,餐饮服务中突然人力不足会造成的质量降低。我不禁纳闷,她对敬业的定义到底是什么?

我忍着所有不解,走过去扶着她的肩膀、诚恳地要求她:"不管怎么样,让我们好好做完这一餐。其他的事,做完再说吧!"

我说的老板情怀是什么呢?你不能在临场的一刻撒手不管;你不能只看到自己心情的跌宕而不看到工作的进行。

——不执着划分工作的定位与范围

有些人在工作上很少思考自己的"成长利益",他们把工作只当成对别人的付出,单纯是个买卖,别人付多少钱,我就付自认为相对的心力,其他的附加价值一概不在计算中。所以,如果在岗位上不把工作界线划分得一清二楚,他们就会充满不安全感与计较的心。我觉得这样的性格很难成为一个老板,一方面是因为他们不允许自己扩展融会贯通的能力,一方面是因为过度计算表面的利益,而失去主动协调的助人之力。

不管多小的领导者，都需要有环顾全景的能力，如果要训练自己有老板的情怀，就不要一心期待那所谓清楚的责任划分。懂得分工是效率，但懂得督促自己关怀总体的工作进度，才是自我能力的成长。

——督促自己成为工作表率

再好的管理规条也比不上亲见的行为表率。如果打算创业，那代表有一天你必须以努力的身影成为自己职场上的楷模。所以，无论投身在哪一种工作中，取法其上，督促自己成为伙伴之间激励人心的工作者，鼓励自己跟上心目中最好的执行者。

我们不要养成只看到别人成就的眼光，要跟随那稳步之中的坚持与精神。更重要的是，要认清别人身上如果有一项自己所羡慕的特质，那分分毫毫都是时间的产物，是日积月累的生活功课。

成为老板并不是成就的代表，创业也并不一定比加入体系工作来得自由或有利。但是，如果你想训练自己成为更好的工作担当者，也许这些面对工作的心情训练是非常有益的。至少，它不只使我在工作中累积更丰富的专业能力，还使我一直能带着愉快进取的心情深入工作。

掌稳自己的方向

> 梦想是一条寂寞的路，我们不能靠着别人的意见来为自己定出方向，唯有在遭逢艰难困顿时愿意背负更重的行囊、跨过坑洞，才会真正懂得什么叫作"方向"。

最近，一位年轻的朋友跟我恳谈工作上遇到的问题。两年中，她陆续开了两家咖啡厅，但在第二家开幕之后，她突然想放弃一切，从此告别自己的梦想，言谈中显得非常迷惑沮丧。

我比她大将近二十岁，餐饮的经验也多十几年，她所遇到的问题，无疑我也都曾经历过，所以最想问她：真正想让她结束营业的原因到底是什么？

她眼中泛起一层泪光，悠悠地说："我好像没有了方向。"

"方向"是一个既清楚又模糊的字眼，特别是餐饮业，那所谓的"方向"似乎指的不只是我们"想"去的远方梦境，还同时交杂着消费者的期待和商业研究的数据。

如今，毫无经验但坐下来就能侃侃而谈餐厅经营之道的人越来越多，但这个战场上实际却是死伤无数。我发现，愿意分享自己商场失意的人并不多，除非那失败之后还有更精彩、神奇的复活故事，否则多半以一些搪塞的理由作为句点。

经营餐厅二十年，餐饮的"方向"对我来说，指的并不是生意上的指标，而是自己心中坚持的想望；也因此，它既美又苦。有时候不管你喜不喜欢，只要一开店，就会有许多热情的或怀梦未果的朋友要争相给予意见。当生意稳稳进行的时候，这些建议或许不会扰乱心意；但万一营运遇到波折，这些想法就让人自我质疑。

顾客的意见很重要吗？不管谁回答"是"或"否"，其实都是不够真确的。因为，顾客指的不是"一个"人，而是"一群"不同的意见，无论如何修正，终归难以面面俱到。所以，我觉得开餐厅是寻找知己的工作；当然，要找到知己之前，自己得先当一个"好朋友"——装备各方面的能力，了解自己的营运条件，取长补短、不断精进，是我给自己重要的目标。

九月初我去费城，参观了一家非常好的餐厅，也拜读了创业者的故事。这家主人十六岁起就想开餐厅，但她没有只是做梦，而是积极地利用寒暑假打工学习。因为功课好，父母要她习医，她的妥协是去宾大上华顿学院。四年里她继续寻找自己喜欢的餐厅去打工，课业上的研究主题也尽量以餐厅为主。毕业后为了筹措开餐厅的资金，她又多工作了十年，期间再回学校读一个企管硕士的学位。

如今，当大家看到她拥有一家很好的咖啡屋与隔壁的餐厅时，或许只看到餐饮梦唯美的外貌，却不见那十几年来的辛苦努力。可以想象，当一个医院管理顾问愿意脱下优雅的套装，拿起长刀为鱼开膛取片时，我想"方向"对她来说，一定没有迷惑的杂质。

所以，我想告诉那年轻的朋友，餐饮梦是一条寂寞的路，我们不能靠着别人的意见来为自己定出方向，唯有在遭逢艰难困顿时愿意背负更重的行囊、跨过坑洞，才会真正懂得什么叫作"方向"。

等　待

说服自己乐意撑过起步时的辛苦，是重要而有意义的。
担子总是越挑越不觉得重，再崎岖的路也是越走才越懂得如何使之平顺；
辛苦耕耘的人要不怕等得累，才会有欢然收割的一天。

我曾在女儿Abby转受英文教育的时候，送给她一首英国诗人吉百龄写给儿子的诗《假如》。这首诗给当时小四的大女儿许多的激励，佐度过她自己必须逆游而上的学习处境时，她不只把诗牢牢地背在脑中，还抄写了一份贴在上学的档案夹里，作为生活的提醒。

对我来说，这首诗也是我常常引为自勉的，尤其当中有几句，更是我渡过工作难关时永远的助力——

假如你能等待，而不怕等得累；
假如你能强迫你的心、勇气和体力，在它们早已枯竭时为你效劳。

我从二十七岁第一次开始小小的创业时，对这两句话的体会就已经非常深刻。回想起来，我之所以在这二十二年里，不管遇到什么困难都很少起颓丧、退却的心，就是因为了解"等待"与成果的重要。我相信辛苦耕耘的人要不怕等得累，才会有欢然收割的一天。

在这个急速转动的社会中，我们凡事讲究效率是好的，但是独独对于"成就"这件事，真的无法操之过急，更不该抱持短视近利的心态。

有很多年轻的朋友曾问过我创业的经验，言谈中，他们对于"行动"与"成功"之间的看法，常显现一种我无法了解的逻辑，好像任何事都有个简易的快捷方式，而所有创业未成的人，也都是没有找到那条快捷方式，才造成失败的结果。

我并不认为这样的想法是正确的。固然，专家有许多理论与方法，可以帮助大家在开始一份事业时，不必走冤枉的摸索之路；但创业的路上，其实不会有完全相同于理论教学模式的条件。脚踏实地慢慢走，才会抵达目的地；能克服问题的人，永远靠的是耐力与努力。

我们常常看到一些年轻人创业时，坐而言的时间比起而行的时间多很多；又或者，一份刚起头的事业经营不到几个月，便草草无声收场了。我看着这过短的创业路程，有时不免在心中起了一种疑问：这是他们和成功的赌博吗？那些事前的规划难道都不算数了，为什么这么快就认输走人了？

二〇〇八年，我移居北部，先把家安顿好，送小女儿去美东上大学之后，很快就动手筹划自己所谓空巢期的中年新生活。搬家之后四个月过去了，从装修工程的监工到店务开始实际运作，我每天工作都超过十二个小时。对于年近五十岁的体能来说，这当然是吃重的，但真正使我困扰的是，不管我如何乐在其中，旁人却替我的生活节奏感到忧虑。

这些善意的关心是可贵的，我非常感谢，但是大家在给我建议时，却可能忽略了每份工作在稳定之前，都得经过艰苦的草创期。当我们看到一栋完工的建筑物时，多半会忘记曾经有好长一段时间，许多工人在为它流汗辛苦；当我们看到一份运作稳定的事业或工作时，其实已经看不到隐藏在当中的筹备辛苦与稳定基力。但是，如果你也想自己创业，就绝对不能不学会"看到"或"看懂"背后的一切。

我常常用飞机的续航来形容创业的辛苦。飞机好不容易平稳地起飞了，很多人以为从此之后就是事业的海阔天空；但事实是：如果不好好照管各种状况与持续加油，它是随时都会从高空坠下的。创业的艰辛与成就，全都是这样的一体两面。

的确有很多人无法经受创业前期的过度辛苦与旁人给予的压力。我因为经验丰富，而十分了解"过度"辛苦的必然，所以很想跟年轻的朋友分享这样的心情：无论如何，都要鼓励自己渡过稳定前必然会有的杂乱与辛劳。

创业的人应该每走过一小段路，就要回顾自己的足迹，仔细看看哪几步踏空了，哪些过程走得稳健美好？我每一回头总静心思考，在清楚的自省之下，必然有许多足以让自己成长的发现。

无论是创业还是接受一份工作的挑战，说服自己乐意撑过起步时的辛苦，是重要而有意义的。担子总是越挑越不觉得重，再崎岖的路也是越走才会越懂得使之平顺的方法。我们应该对成就有合理的期待，如果自己不每天高兴、勤奋地耕耘，收割日到来的那天，园中的荒芜岂不是应有的景象？

梦的尺寸

开始独立,有了自己真正的梦想后,我才发现,
无论那个梦与情感、生活还是工作相关,每一个都是需要持续努力的进行式。
它们的尺寸永远不会跟预估时一样,而会随着许多条件与努力更改。

上个月有位朋友打电话给我,说中国大陆有人因为读了我的书之后想认识我。引见的朋友谈及对方非常精彩有趣,但她不想用自己的眼光为我多做介绍,只希望我从对谈中去认识他。

午餐时段,我一忙完手边的工作,就坐下来与远客见面。虽然只是短短一个多小时的交谈,却因为思路与言语都密集,所以交换了许多意见。一席话中最让我回味久久的,是那位朋友问道——你的梦想会停留在这样的大小;还是有一天,你会希望它登上更大的舞台,让它有真正的格局?

"格局"是动人的语言、多用途的量尺,透露出一个人的眼光与雄心气概。我相信没有人不羡慕大格局的事业,也没有人不喜欢当一个胸怀大志的人。因此,这句话虽然给人远望的鼓舞,却也无形中给了人生刚起步的年轻人一些压力或错误的认知。记得当时我是这么回答那位朋友的:"如果扩展会使我的梦或理想变形,我愿意它维持在原有的样子。"这就是我在这里所要分享的"梦的尺寸"。

五月下旬,洪兰老师带着家人造访我的餐厅时,巧遇我们的"小厨师"活动。之后,老师在报纸的专栏以"生活即教育"为题,分享了她对当天活动的想法。我读到那篇文章时,心里除了感谢洪兰老师的鼓励之

外，文中最让我感动的一句话是："我今天看到一个有心人，在她的能力范围内，不计较成本，成功的教育了十二名未来的主人翁。"

在"能力范围"中克尽努力，一直是我逐梦的自我勉励，没想到只有几面之缘的洪兰老师却一语就道破这多年来的心境。记得一年多以前，还有人给我建议，说我不该"浪费"时间去做那些小事；如果要演讲就要"够大场"，要做事业就要如何、如何，才能发挥所谓的影响力。

我之所以不为所动，是因为想把日子过得恰如其分。我相信影响力并不专属那些大力挥进的少数人，更重要的是靠许多默默努力的人所聚集的成果。所以，如果我能更深刻地执行我的生活信念，用行动说服少数的人，日积月累，相信它终究也能成为影响与勉励。

记得小时候第一次学到"梦想"这两个字，是与"实现"接在一起的，所以我以为"梦"是一个完成式，是一种已经满足、无须费心的完美境界。长大之后，我又读到"千里之行始于足下"，发现有人在提醒我，梦其实是一个启程，如果不开始就永远会挂空。等到离开学校、从父母身边独立，有了自己真正的梦想，我才发现，无论那个梦与情感、生活还是工作相关，每一个都是需要持续努力的进行式。它们的尺寸是永远不会跟预估时一样，而会随着许多条件与努力更改的。

梦的尺寸该有多大才不算寒酸，我认为这不是需要担心的问题。织梦的时候，我以"能力"为经，以"耐力"为纬；虽然能力可以慢慢增进，但不可遗漏的条件却是耐力，所以，我很少期待一蹴而就的成功。

有许多朋友曾问我，他们可以想象，去完成一件事不可能没有沮丧或挫折，为什么我却不常提及自己灰心失望的感觉，从我的文字与分享中，他们总觉得那种态度与生活过分美好。

我告诉他们，态度是一个人信念的投射。每一次当我遭遇错误或失败时，只要自己肯真心面对窘境，就一定会发现，使我失败或一天混乱不顺的原因，通常是没有做好足够的准备。不管是面对新的一天还是生命中的任何计划，做好充足的准备都是使人身心感到安适的条件。如果因为准备不足而遇上困难，我觉得那没有什么值得沮丧，我需要的并非怨天尤人，而是好好整顿自己的思路，与学习更好的工作方法。

多年来，我用这种方式来烧成梦想所需的砖块，心里其实一点都不担心那梦想的格局不够恢弘，只担心日日所烧的砖头会不够用。我告诉自己，不要哪天真正可以筑梦时，才发现地是有的，天空是够宽阔的，可是自己手上的泥与砖却围不成好看的建筑。

永远让人开心的工作好助手

> 我有时候来工作之前，心情也很不好，像是前晚被爸爸骂或有一些事情。可是等我走到店门口，要推开门那一刻，我会跟自己说不可以这样，我应该专心工作。等真正开始工作了，就忘记了不好的心情。
>
> ——思婷

思婷到Bitbit Café来面试那天中午，我们忙到没空问任何问题就直接留她下来"试做"，这一留就留了快一整年。而这一年的中期，她也进入功课最忙的高三阶段。

常有一些单亲家庭的父母问我，他们有条件独力好好教养孩子吗？每次我总是毫无迟疑地说"有"，心里并非想安慰他们，而是自己的确见过许多在单亲家庭长大的好孩子。举例其他的人可能比较远了，就让我分享自己身边的孩子——思婷与我一起工作十一个月的故事，与一场午后的对谈。

在记录对谈之前，我想先分享思婷对语言的可爱反应。记得两个月前，我问她愿不愿意跟我谈谈自己的打工心得，好让我作为这本书的一份材料时，她腼腆地笑了笑说："好！"紧接着却不断探问我会问她什么，看起来好紧张。虽然我告诉她，只是随便谈谈，但她也似乎没有因此而放松。我因为工作忙，不断把约会延后，真正坐下来的那天，也只有一个钟头的时间，一谈完话，我们马上又要并肩工作了，所以，比谈话更真切丰富的感受，其实是语言之外的同工默契。

那天，思婷端正地坐在我身边，一派天真地先问："Bubu姐，我等会儿回答的时候，应该用平常跟你讲话的口气，还是跟庭宜说话的口气？"

我想她真正的意思是在问:"我该严肃一点,还是用跟好朋友说话那种哥儿们的方式就可以?"这话逗得我很想笑,终于了解这群孩子的"可塑性"有多大。她们竟有一套专为我而存在的说话方式,也许这就是情境教学的影响。

不过,即使我提倡的"好好说话"还未完全活化在她们的生活之中,值得安慰的是,思婷有一次很确切地跟我说,自从她来Bitbit Café工作之后,在学校也很自然地会说谢谢、对不起了。"我觉得自己变得有礼貌多了!"她笑里孩子气的得意,轻轻地飘散在我们工作的厨房里,我有很多复杂的感受。也许在如今的生活环境中,她要与同侪如此相处而不被揶揄,还真的需要一点勇气呢,但至少,我看到思婷已经懂得选择对自己有益的讲话方式了。

Bubu:还记得自己刚刚来工作的心情吗?

思婷(害羞地笑了起来):记得,觉得自己笨手笨脚的。Bubu姐为什么能忍受呢?不会觉得我很笨吗?

Bubu:任何陌生的工作,当然一开始都不可能做得很好。不过,的确有一阵子,我很担心你的反应,因为,你常常在做完一份被分配的工作之后,就呆呆地站着等下一份指令。我想过几个可能——你很害怕,你一时吸收不了,我们大家的快节奏完全混乱了你对工作的思考。这些倒不是笨不笨的问题,而是使我要更仔细地想出如何教你的方法,好让你上轨道。你知道,学习的快慢每个人都不一样,最重要的是,我看到你很认真、学习态度很好,这两个条件在初学习的阶段已经很足够。

思婷： 可是那一阵子，我回家的时候心里常常很难过，我会想，为什么我总是不能把事情很快地学好。我知道大家都很忙，可是不知道自己可以帮什么。小时候爸爸或妈妈教我一件事，我也是过好久、好久才能记得他们的提醒。

Bubu： 所以，虽然你只跟爸爸住在一起，他还是很注意你的生活习惯？

思婷： 爸爸会提醒我一些小事，像是东西要放好，要学做家事。可是他也告诉我这个社会每一个人都很坏，不可以信任别人。所以，我刚来的时候心里很害怕，留下来之后，才知道每个人都对我很好。

我想起思婷刚来不久时，有一次母亲从台东来，带了一些家乡的艾草糕给我们当点心，我热了一块给思婷吃，她惊讶得说不出话来，直叹原来热的艾草糕这么好吃。我从她那过度的反应中，才问出她生长在一个单亲家庭，小三那年爸妈离婚后，她就学着拿菜刀，煮饭给爸爸吃。"我什么都不会，随便乱弄。"难怪她常在厨房里看到我们处理食材时会惊叫出来，也许，该削皮的也没有削，就按着自己的推想去做。可是，这样的思婷，却在加入我们的两个月后，成了我们厨房里谁都喜爱的好助手。

我不讳言，她学东西比较慢，有很多工作习惯也不是一来就已经养好，但是跟思婷工作真的很开心——不是欢闹的开心，而是她的耐力很惊人，也从不在职场上传递任何的不愉快或心情的低潮。

Bubu： 思婷，说说看你怎么能够这样呢——在工作中从不生气？是你天生脾气就很好吗？还是有其他的原因？

思婷： 我有时候来工作之前，心情也很不好，像是前一晚被爸爸骂或有一些事情。可是等我走到店门口，要推开门那一刻，我会跟自己说不可以这样，我应该专心工作。等真正开始工作了，就忘了不好的心情。

我也从客人身上学到自己的该与不该。有些客人对我们很好，有些客人很凶，看到他们的时候，我也会想到自己的态度对别人的意义。

我记得，在思婷还未到外场服务之前的好几个月，她一直那么"安分认命"地待在厨房里帮我们洗碗。从呆呆站着等碗盘回收，到一分钟也闲不下来，一遇到脏就要设法擦干抹净，一遇到不锈钢就想让它亮晶晶的孩子；那回转之间的身影，我并没有等待太久。

Bubu: 除了你的工作耐心之外，我还想知道你几乎从不请假的意志力从何而来，是责任感吗？

思婷无言地笑笑，她似乎不知道该用什么具体的语句来表达心中的想法，只是先说不知道耶，然后喃喃低语道，有几次因为特别的原因不能来，心里会一直想，店里的工作怎么办？会很担心。我想起有一次她因为弟弟被医院怀疑是流感，与弟弟同住的妈妈不能去照顾，所以思婷临时请假去陪弟弟。

Bubu: 打工除了得牺牲跟朋友出去玩的时间之外，念书的时间是不是也一定会受到影响？

思婷: 这倒没有，如果我没有把功课弄好，是因为我不懂得利用时间。打工前我不知道这种道理，那时候随便摸--摸，书没有念到、什么事都没有做好，一天也过去了。我现在对时间有新的认识，我觉得每天都要过得很有意义。

Bubu: 思婷，再问你最后一个问题，你打工赚来的钱都怎么处理呢？说起来你的工作也很辛苦，会不会觉得自己才赚到这一点点钱，不值得？

思婷: 不会，我觉得很满意，我的钱刚开始都交给妈妈，后来的就用来交学费。

我之所以问起满意的问题，是因为每个人对于自己的付出与金钱的回报，评价标准都不一样。我想要知道，这个跟我工作了十个月，工作技巧还在虚心学习，但努力态度却始终如一的高中女孩，是否对于自己的金钱报酬感到满足？但，这只是一个再确认而已。事实上，在每个月看到她填写的工时单里，我已经了解她对工作报酬的想法了。一张小小的纸条，永远只填写整时的工作时数，那零散十几二十分钟的逾时工作，就在她端丽小巧的字迹中悄悄地被删去了。

【后记】

这篇访谈的初稿写成时,我印出来给思婷看,要她确认过内容后,我好传给玢玢讨论。她抽空看完,走进厨房跟我说:"Bubu姐,太厉害了,我说得乱七八糟的东西你也能写成一篇文章。"我笑答她:"就算不访问你,我一样可以写出这篇文章的,因为,我一直很认真在听你说话啊!"她开心地笑了,不知道有没有遗忘,这几个月来,尤其是带她上轨道的那些日子,我们有过多少次并肩在水槽边互相帮忙的经验。那些积累的关怀不只足够我写出这篇,还有更多碍于篇幅与她的隐私而没有写出来的故事。

我比她的母亲大一些,却不知为什么,思婷总不肯改口叫我Bubu阿姨。对于身边这些孩子与我的谈话,我的确是认真听、仔细想着的。有一次,思婷收回的盘子里剩下很多食物,当时她对我抱怨,温和的语气里透露着微微的怒气说:"每次看到剩这么多东西就觉得好生气,这么浪费,给我吃多好啊!"我那正忙着工作的手虽然没有停下,思绪却飘向妈妈刚刚离开家,小三的思婷学着拿菜刀做菜的画面揣想中。她是有理由对那些她认为应该要更珍惜幸福的人感到生气的吧!我不禁这样地想着。

温柔态度包覆下的生活毅力

姑姑曾经非常确定地说,以我的能力绝对无法成为设计师,
但这受伤的感觉也成为我的动力。当我工作沮丧的时候,
我知道我不能放弃,如果我对工作任性,我的目标就永远无法达成。

——梦微

遇见梦微是在岁末寒风袭袭的三峡,地点是我很少停留的美容院。

二〇〇八年的一月,我开始从台南调动工班,分批往三峡装修准备北迁的新家。在现场指挥一天的工作后,我常常变得灰头土脸。有一次累极了,觉得自己全身尘土,于是从大学城往镇上去,我打算找一家美容院洗过头,再去搭高铁回台南。那天,帮我服务的就是梦微——一个非常甜美、声音稚嫩但工作熟练稳重的少女。她从高职毕业后,已经在这家美容院实习半年多了。

梦微最先引我注意的,是她对客人细心周到的关切。大家都知道,服务是可以借由一套制式的训练达到某一个程度的,但发自内心的热忱总是远远超越形式之外,使人自然地感到喜悦。那天,虽然是晚餐时分,但整个美容院中座无虚席。我问梦微,过年前会很忙吧!她笑着说:"嗯!很忙,我已经二十一天没有休假了。"

二十一天没有休假?我不禁从镜中更仔细凝视这孩子,有些不相信自己耳朵地再确认:"可以吗?这么久没休假,会不会觉得好累?"她的确很美丽,十八岁的笑容里藏着纯然的青春,毫不介意地说:"不会啊!店里大家都这么忙,怎么好意思休假。"

她的答案与表情都使我感到惊讶。我听过多少人告诉我,现在职场上的

年轻人应该是这样才叫正常吧——管你有多忙，怎么会不好意思休假？这是我的权利呢！

遇见梦微这孩子之后，可能是我这辈子最常出现在美容院的一段时间。搬来三峡后，几个星期或一个月，我会去镇上的美容院剪剪头发，以前自己拿起剪刀胡乱整发的机会少了许多，这一年多来，梦微也从一个实习生，经过曼都的进修升等体系顺利地成为设计师。第一次见面时，她告诉我要成为一个设计师的梦想，终于在她踏出校园的两年后圆满完成。

她答应把自己的故事与心情与我分享，我觉得很荣幸，能有机会聆听一个在台湾长大的二十岁女孩娓娓道出温柔态度包覆下的生活毅力。

Bubu：梦微对我们第一次见面还有印象吗？

梦微：当然有，那时候我从夜校毕业，来这里工作半年多。

Bubu：我一直对你认真工作的态度感到很好奇，尤其是那二十一天不休假却毫无怨言的心情，跟我们所知道的年轻人很不一样。对于工作，你曾经受到其他人的启发吗？或是，你的父母对于这个部分，给过你什么样的叮咛吗？

梦微：我对这里的设计师和经理很佩服，他们改变了我对工作的想法。我们来这里，连扫地都要重新学起，每一件事刚开始都觉得要求好高，做不好就被提醒。可是，我慢慢改变了，我看到以前自己的工作态度是比较自私的；在这里，我们互相帮忙，有任何错误，设计师和经理都会慢慢教我们，要我们改过来。

听到这里的时候,我脑中马上浮现"好大人"三个字。刚好轮流带她的设计师也在一旁,我于是回头问她:"你看到她们的工作问题时,会忍耐还是一定要处理?"她笑了,斩钉截铁地说:"当然不能放过,一定要说的。我跟她们一样,都是很年轻就进入这个行业,慢慢学习受训练的,她们犯的错,我全都犯过,所以知道怎么引导。我不会在客人面前说她们,但事后一定会好好沟通。"

梦微听完接着说:"对啊!我有一次学剪倒V的发型,怎么剪都剪不出来,自己生气到大哭起来。他们安慰我说,以前他们也是这样,但是学东西要有耐心,慢慢练习很重要。"

Bubu:除了店里的大人给你的影响之外,你爸妈对自己的工作应该也很认真吧!

梦微:对!我的爸爸妈妈都很努力工作,所以,原本我们没有自己的房子住,现在已经买了新家。妈妈很会规划,她教爸爸如何管理金钱。

我来这里工作,爸妈叮咛我一定要懂得报答别人对我的栽培,不可以在人家把我训练好之后,又跑去为其他的人工作。他们很在意这件事,常常跟我说要懂得感谢别人。爸妈也告诉我,多做事没关系,不要计较,学到的都是自己的。

我很讶异她那对年轻的父母,能这样存古意地教导初入社会的女儿。我曾想过,如果梦微不是因为父母处处以她真正的成长为目标来教育她,这两年的筑梦计划也许会被自己的挣扎与杂念所耽误。

Bubu:梦微,我知道你高中读夜校,白天在姑姑的美容院打工。说说你的时间是怎么分配的?

梦微:我早上九点到五点在姑姑的美容院工作,下午六点到九点上夜校,晚上回家有时候还要练习白天学到的功夫(美发行业所谓的人头练习)。学校是一星期五天,工作是六天。虽然一个星期有一天休假,但是我大部分的时间用来陪父母。如果偶尔跟朋友出去,也一定会在下午五点之前回到家,我想跟爸妈一起吃晚餐。

Bubu:好特别,为什么?下午五点回到家对你来说这么重要!

梦微:不知道耶!也许是小学、初中的时候,我都是五点一放学就回家,觉得在家跟父母一起吃饭很重要吧!

这段话对我来说特别有意思。不知道有多少次,我提醒年轻的父母要重视家庭稳定的生活形式,这会使孩子了解安全感的真意,也是她们将来经营自己的家庭时可以依循的经验。如今身边出现了一个孩子,对于稳固的家庭仪式充满了忠诚与爱意,我相信她之所以能这样努力地工作,父母借着日常生活所给予的爱不会没有功劳。

这份爱,对梦微来说也不只是精神上的支持,当我问及她的金钱管理时,完全不出我所料地与她在工作上的精神互相呼应。

Bubu:所以,你从有工作之后,是怎么管理你的薪水呢?

梦微:我都是一半贴补家用,一半自己当零用钱和学习材料费。学美容需要买一些练习的器材,我得分配我的花用。

Bubu:这些事都是自己决定或者跟父母亲商量呢?

梦微:我会跟爸爸妈妈讨论,妈妈也会教我怎么做。我要认真完成这段训练,我想要让爸爸妈妈以我为荣。因为当我在姑姑家打工的时候,她曾经非常确定地说,以我的能力是绝对无法成为设计师的,我不想让她的预言成真。我知道要努力,才不会丢爸爸妈妈的脸。

Bubu：姑姑这样说的时候，伤到你的心吧？

梦微：很难过，但是这伤害的感觉也成为我的动力。当我工作沮丧的时候，我知道我不能放弃，如果我对工作任性，我的目标就永远无法达成。

Bubu：两年下来，你觉得自己最大的收获是什么？除了成为一位很年轻的设计师之外？

梦微：我从孩子气变成熟了，在工作的磨炼中，我的个性改变了很多，我变得更快乐了。以前，一不如意，即使在工作中我也会垮下一张脸；现在，我知道怎么做一个有热情的人，知道怎么掌握自己了。

把距离当成旅程的逐梦者

我想跟年轻朋友说,要把自己准备好,不要手中捧着资源却不懂得利用。

梦不是不断尝新,一样做不好就换另一样。

懂得负责的人会知道,梦是辛苦追求中的坚持。

——Cathy

我一直觉得"珍惜"是一种最积极的思考方式,使人生受益。懂得珍惜的人不一定"拥有过"或"失去过",他们只是因为比较成熟,所以能够推想"如果拥有"的美好与"万一失去"的损失。这种预估的智慧使他们养成了一种对人、事、物或经验都能好好守护的精神。

在我的眼中,Cathy就是这样的人——一个二十四岁的逐梦者。如果有人要我只用一个词来形容这位年轻的造型师,我一定毫不犹豫地选择用"清楚"这两个字来一语道尽她所留给我的印象。Cathy对自己的优缺点、对目前处境的状况与未来逐梦的计划,都清楚得让我感到讶异。假设她是一个曾受过家庭全力栽培照顾或教养灌输的孩子,或许我就比较能懂得这份理性与笃定的根基;但眼前这清秀的年轻女孩,却只能把父母给予孩子丰富资源的想法,放在她未来自组家庭的美梦中。

Bubu: 说说你的求学经过,与目前的人生规划和完成的进度?

Cathy: 我初中的时候爸妈就离婚了,因为有家计的问题,所以妹妹和我高中都读夜校。我上的是资管科,但心里很想成为一个造型师,我的梦想是有一天要去英国进修彩妆造型。高中的时候,因为父母离异,我深受这些变动的影响,看待事情的角度多半很负面、偏激。我的家庭不讲究温柔教养这样的课题,妈妈觉得孩子随便养自己会长大,讲话总是直来直往。当时我心里觉得不平衡，为什么哥哥都不必负担家用，只有妹妹和我很辛苦，所以，有一次跟妈妈口角之后就离家出走了，五年之后才又回到妈妈身边住。

在那几年，我晚上念书，白天工作，利用空余的时间学习彩妆造型，并在假日协助老师，当她的助手，我因此确定自己真的很喜欢这个行业。虽然这份工作时间很长又不稳定，出勤得配合服务对象的择定时辰，有时天未亮就得出门，夜深人静才回到家里，的确很辛苦。但过了几年，当我离开朝九晚五的工作，还是决定进入婚纱店当助理，更精进地从头学习。

当助理那段时间，我接触到不同的造型师，无论是优点或缺点，不同的做事方式都提供了我学习的省思。这份工作因为承受紧迫的时间压力，造型师有时就难免把情绪转到我们这些助理的身上，但这些磨炼非常有用。

去年四月，朋友说服我自己初试身手，于是我鼓起勇气去一家婚纱公司应征造型师，没想到经理看过我一次次不同的设计之后，真的采用了我。现在，我已经成为婚纱公司正式的造型师。每个星期工作的时间虽然很长，但我还是利用唯一的一天休假去上课进修英文，在存够钱的同时，我也要把英文学好，去英国进修。

无论是英文或进修的路，目前看来，Cathy离她的目标都还有一段距离，但这或许是她最与众不同也最有魅力的地方。她把距离当成旅程，一步步充满斗志地向前，完全无视于限制的存在。不知道为什么，她对自己执着的挑战与真纯的信心，让我对梦想有了新的看法：没有一点难度的憧憬，也许就不叫做梦想了吧！

为了多了解Cathy，我曾几度请教她的英文老师，她非常以Cathy为荣。因为Cathy积极的心情，使她自愿在原本休假的一天特地为她排出课程，因为那是Cathy唯一可以来上课的日子。Cathy放弃了让自己放松的时间，卯足全力学习，而她所派发的功课，Cathy也都利用非常忙累的空档完成。最近一封封往来的email，她都以英文书写，这对老师来说不只是安慰，还受到另一种感动与启发。虽然说流利的英文对目前的Cathy来说还有些困难，但以她的热忱与认真，相信会创造出稳扎稳打的实力。她一点都不怀疑，有一天Cathy能去英国深造，并成为一位出色的造型师。

Bubu: 我们都喜欢订定目标，但不可否认，只在脑中构划是一件充满希望却不费力的事，难就难在采取行动并持续实践计划。能如愿地成为婚纱公司的造型师，你认为自己最重要的特质是什么？

Cathy: 我是一个很了解自己的人，对于想要什么与有所不足都很清楚，所以，我知道该如何寻求帮助以增加能力。

当助理时，我很认真思考所看到的问题并请教别人。我也是一个很坚持、很有抗压性的人，对于工作的辛苦都熬得下去，因为我看得到远景。虽然几年前，有很多人觉得自己开设一个行动工作室，当所谓的"新娘秘书"酬劳很不错，但是我已经看到那一定会因为过度竞争所产生的问题。我的目标不在于此，我要进修走向更专业的发展。将来有机会，我想要深入学习舞台造型，在那个领域，创意可以有更大的发挥空间，我相信那才会更适合我的性向。

Bubu: 你为那更远的路做了哪些准备呢？

Cathy: 除了努力于目前的工作以磨炼基本技术，我也大量吸收灵感。我每个月都节省其他费用，买国外的期刊来充实自己的眼界。虽然那些书中的英文我大部分都看不懂，但造型艺术可以靠视觉取得新知与灵感。每一本书都给我一些新的引发与接纳，即使是一眼看去心里感觉到排斥的东西，也可以给我不同的刺激。

我还积极地学习英文，为进修所需要的语言工具做准备。我找这位老师不只是因为语言，还因为喜欢她对人生努力的概念。以前也曾参加一些课程，上完一个段落后又感觉重新来过，现在我想要一份更长远的计划。虽然我的工作时间很长也很累，但我已经知道，每天都接触一点的学习，可以累积成不一样的成果。

当然，因为出国念书需要一大笔钱，所以我也很努力理财。因为有了一个更好的人生目标，现在的我已经不像以前那样有虚荣的想法，看到漂亮的东西就别无他顾。我已经有很好的克制力，不需要的东西绝不买。

把握学习的机会与充实自己很重要，我有一位对我很好的男朋友，我也常常提醒他，一定要彼此勉励、提升自己，这样的感情才会更加丰富稳固。我对于未来有一种紧紧掌握的梦想与需要，所以，计划对我来说很重要，配合计划的不断行动使我成长。我不是天生就像您想的那么成熟、清楚，我想我是慢慢从生活中学习磨炼而来的。

Bubu：在刚刚的谈话中，与你对我教养的赞同里，我可以感受到你多么羡慕那些拥有丰富资源的孩子。庆幸的是，我完全没看到你有任何愤世嫉俗之感，在我看来，这也是你不断成长的契机与动力，非常可贵。

你非但不是"草莓族"，也觉得这是一种被过度报道的状况。但在我们的谈话中，也聊到很多父母的确过度保护孩子。你能不能以自己过去不曾拥有的经验，给某些的确身在福中不知福的同辈一些建议？也许，这来自同年的提醒比年长者的担忧或教导更有用。

Cathy：我真的很羡慕家庭能给予栽培的孩子，但有些人的学习虽有丰富的资源却不一定善用。当然，我觉得在有能力的家庭中，也许父母的想法更为重要，过度的保护与供应，的确让某些孩子变得比较没有自我计划或挑战的能力，他们慢慢也会变得自信不足。我想跟年轻朋友说，要把自己准备好，不要手中捧着资源却不自觉。梦不是不断尝新，一样做不好就换另一样。懂得负责的人会知道，梦是辛苦追求中的坚持。

谈话近尾声的时候，我在Cathy的杯子里添了一些自己点的巧克力，心里泛起了类似于母亲的心情。

我又想起"珍惜"两个字。就一个二十四岁的孩子来说，她对于人生的领略与体会实在很早。除了作为一个社会长辈对她的怜惜与爱意之外，我更想知道，这个朝着标杆直跑的孩子，将会给其他同龄的年轻人什么样的启发与鼓励，一如她所给我的热情感染与省思。

魄力是果决与坚持的结合

创业以来，我一直非常害怕自己被"少年得志"冲昏头。
我常常提醒自己，不能因为看起来比同年龄的人似乎成功一点，
或拥有较多的外在条件，而忘记人生应有的态度。

——Kelly

以传统的学习路径来看，从建筑系毕业而开创纸产品的设计公司或许并不奇怪，但中间又特意穿过两年的英文系，就使得这原本可以顺畅联结的了解路线突然被打断了。我与Kelly讨论的话题，就是从探讨这条成长路开始的。

Bubu： 公司创业至今有多久了？

Kelly： 六年。

Bubu： 我知道你是外文系毕业，为什么会选择以纸产品的设计来作为创业的开始呢？

Kelly： 我从小就对纸与手作的东西有一份特别的情感，无论是纸的色泽、质地或相关设计。事实上，我是念完建筑系才又插班大学英文系的。毕业后，我有半年的时间在幼教机构编儿童英文教材，但这份工作完全不符合我的兴趣。我很快地转到一家礼品公司去工作，外销业务不只使我在英文系的所学有活用的机会，我也因此能出国去了解许多相关的工作，参加展览更开拓了我的工作视野。

可以这么说，进入建筑系并非是我自己的选择，我跟多数人一样，根据考试的分数决定了科系，虽然我并没有打算毕业后要从事建筑相关的工

作,但还是乖乖把它念完了。插班英文系,是我第一次以兴趣来决定自己的学习方向。等到在礼品公司工作满三年,我离开自行创业的时候,那就是我第二次对于兴趣的选择了。说起来,无论在建筑系所学到的各种概念或英文系所获得的语言根基,对我的工作来说都非常有帮助。

Bubu: 我自己也很早就离开团体运作的工作体系,所以完全可以了解创业除了需要勇气与冲劲之外,凡能有任何成绩的人,都是因为具备了某些更具体的条件。你认为,当时二十七八岁的自己,在这个行业里已经准备好哪些基本的能力了?

Kelly: 在为公司工作那些年,我非常努力也认真观察。决定自行创业时,我已经懂得外销贸易的流程、与客户接洽的各种经验、参展的条件,与自觉可以胜任的设计能力。

Bubu: 你以多少的资金开始起步呢?

Kelly: 我去登记公司时,是以一百万的最低资金开始的。

Bubu: 但真正的所需是高或低于一百万?刚开始顺利吗?

Kelly: 以这个行业来说,它创业的资金门槛并不高,但真正做的时候,我的花费还是超过一百万,像出国展览这一类的花费就蛮高。有半年的时间,我无法达到收支平衡。我的主力市场是欧洲,一开始,我的设计没有办法赢得他们的青睐,但我继续努力等待时机的到来。

Bubu: 我不需要问你关于锲而不舍的信心问题,因为,如果你的性格中没有这样的特质,你的公司不会存在六年并继续成长。我比较好奇的是,在那半年中,你做了哪些更积极的准备或改变以等待转机的到来?

Kelly: 我检讨了自己的产品,发现既是为不同国家设计,就要更贴近当地的文化,所以我开始买书来看,也仔细深入研究其他的产品。在各种主客观条件都改变的半年之后,我接到了第一笔的订单。好高兴,客户开始接受我的想法与设计了。

大概又过了三年,我才有"一帆风顺"的感觉。之前,如果偶有亏损,我都能坚持下去,因为我觉得困难是必然的,我的压力承受度也很好。更幸运的是,父亲在这方面给了我很大的启发。

从小,父母在生活方面对我们有一定程度的质量要求,等我开始从事这个行业之后,爸爸要我仔细检视每一批产品,必须没有瑕疵才能出货。从质量与责任的角度来说,爸爸透过工作的关怀,使我不断提升自我的要求。

Bubu: 所以你的父亲也在这个行业?六年前他们对你创业有着什么样的意见?

Kelly: 不!我的家庭跟这个行业完全无关,除了我为别人工作那三年,我没有任何背景。决定创业时,爸妈没有表达担忧,但我相信他们一定有过暗暗替我烦恼的时候。

Bubu: 在业务还没有非常稳定的前三年,你的努力如何与信心相呼应?我知道光是耐心地等待是不会改变任何结果的,可以告诉我你精进之心更具体的着力点吗?

Kelly: 我努力阅读、参展、实作,以此培养自己的设计能力。

Bubu: 在我看来很特别的是,你的创业本身兼顾了贸易与原创设计两个部分。你不只贸易的部分有成绩,而且达成了自己想做设计的梦想。

这代表你有不同的长才，既能开拓市场还能生产精致的产品。你可以分享自己的管理心得吗？

Kelly： 在管理上，我觉得自己一直在学习，也做得并不好。创业时，我觉得年轻是自己的一项缺点，常常很介意别人会不会想到办事不牢或觉得我不够分量。而我所雇请的员工多半跟我一样大，有的甚至比我年长，人事的管理对我来说当然并非完全得心应手。如果能够回头，我但愿当年能用更轻松的态度来看待自己与员工的年轻、或某些状况显得经验不足的问题。我应该用更有信心、更宽广的角度来面对人、事、物，面对自己与伙伴。

对于工作与业务的管理，我是从挑选好的第三方、力求自己有好的质量开始所谓的管理。我很重视沟通，从沟通中寻求认知相同的厂商，我们之所以能赢得客户的信任，相信是因为我们处理工作的方式非常敬业，完成力很足够。

Bubu： 虽然你看起来有点柔弱，但我会用有"魄力"来形容你，你同意这样的说法吗？

Kelly： 如果这样说，我觉得自己受恭维了，我想，我是有一点骄傲和好强的。

Bubu： 为什么当你说着"好强"时，有一点不好意思的感觉？是谁让你有这样的想法呢？我猜是环境里惯用的评语使你有这样的感觉对不对？我自己并不认为好强有任何不好。好强是"不想输给自己或别人"，这跟"不准别人赢"是完全不同的思考层次。

我记得自己看过一个故事，有位世界级的女子马拉松选手志在第一，她总是对跟她同赛的第一名说："我会尽可能地盯着你。"虽然有时候，这紧追其后只能维持一两公里，但她明白自己会因此而强壮起来。这位选手说:"我在向她学习,她是世界第一,我总不会吃亏。"在我看来,这就是好强的性格,跟不能欣赏别人的成功是两回事,而你的好强类似于此!如果没有这份好强,面对创业的高低起伏,你或许无法平安度过。而我之所以说你有魄力,是因为我从你分享的故事中看到果决与坚持,这两个特质微妙地综合起来,我觉得就是一种魄力。

Kelly:谢谢你这么说。创业以来,我一直非常害怕自己被"少年得志"冲昏头。我常常提醒自己,不能因为看起来比同年龄的人似乎成功一点,或拥有较多的外在条件,而忘记人生应有的态度。我特别感谢我的姐姐和妹妹,她们常常给我最有用的提醒。因为她们是最了解我的人,所以那些忠告点醒了我身处成功时会有的迷思。

Bubu:我猜想你应该非常想要成为一个设计师,所以才并非只以商品的贸易作为创业的定位。这几年里,你自己也雇有科班出身的设计师,对于训练自己又做了哪些积极的养成工作?你觉得已经可以很坦然地称自己为设计师了吗?

Kelly:我一直很努力地在研究欧洲的设计风格,这几年也从别人身上与自己手中产出很多创意的结果。我已经不去想自己是不是一个所谓"合格"的设计师,我但愿别人是从他们的感受中自然而然地称我为设计师。

与Kelly道再见时,她赶着要去见一位客户,我望着这位三十二岁的女孩远离,想着她以"纸"为发想点所创造出的作品,还有她口中对于自己事业的诠释——"美"是一连串喜悦的相遇。

选择生命中真正的想要

当人人都出去念书而我却在照顾家庭或暂停求学的时候,自然有各种不同的声音与看法会出现。但是,就像人生某些现实一样,我只能衡量眼下的条件,做自己认为最好的选择。

——月仁

我年轻的时候感受不到人生变化的真实,看到身边有成就的长辈总以为他们"天生如此"。即使旁人说了奋斗的故事给我听,却因为自己的生命经验实在浅,而说故事的人或许忽略了某些真正重要的过程,所以,我总是很难从一个人的现况去推想他过去必然有过的困难与努力。差不多到了三十岁左右,我才开始学会看一个人的时候对他的生命经历感到好奇,并从中找到对自己有益的榜样。

我跟月仁熟识的时候,她已经在医学院教书了。因为先生是另一所医院的医师,所以有些人会揶揄她何不辞掉工作回家,在有意无意之间小小地挖苦她何必在制度上仰人鼻息。据我所知,在我们以好朋友互吐生活苦水的某些沮丧时刻,月仁也并非不曾萌生过退意,但最后她坚强的意志总促使我当一个好朋友。所以,我们在久久一次的相聚或谈话之后,会各自回到生活岗位继续努力,记取彼此的加油声。

如今那二十年走过了,孩子们也都长大了,月仁没有离开她的生化领域,执着地朝博士学位的路途前进,眼看就要走到终点,我实在为她高兴。她坚强与柔软并存的心意常使我感动;对于无论如何都要尽心尽力教养孩子的坚强,与对许多困境沮丧能坦然接受的柔软,我都有深刻的了解。

Bubu： 不管在哪里求生存都很难，对不对？我听到不少人说你既不出国念书，为什么不干脆辞去工作回家照顾孩子，当个名副其实的"医师娘"？对于这样的说法，你会觉得难过吗？

月仁： 每个人对人生的想法、选择都不同，所面对的现实也不同。或许个性使然，我并不喜欢当一个闲人；我也很清楚选择留下来，我就得面对学术的不归路。虽然我知道在自己的工作体系中，出国去拿个学位是最务实有用的一条路，但是在成大医学院念完研究所的时候，我的条件还无法让我无忧无虑、携家带眷出国念几年书再回来；如果自己去念书，孩子与家庭都无人照料。这不是一个容易的选择。别人当然可以随便说出事不干己的意见，但我自己得承担决定的结果。

我一直很想出去接触不同的学术思维与训练，也因此在孩子还小的那几年，我并没有考虑在自己的学校攻读博士，似乎一直在等待一个对的时间再出门去接续我的学业。在此之前，更重要的是我得把两个孩子带好，而且我对教学也有很深的责任感。这是追求学位、个人成就与当一个尽责老师、母亲之间时间与心力的两难。学校有升等的压力，当人人都出去念书而我却停留或暂停求学时，自然有各种不同的声音与看法会出现。有的人不客气地说我不够上进，有的人不认同我把家庭看得如此重要。但是，就像人生某些现实一样，我只能衡量眼下的条件，做自己认为最好的选择。

另一个促使我没有一鼓作气追求学位的原因，是经历我的单位所长癌症复发过世所带来的冲击。三十出头的我眼看她从一个掌握许多学术大计、丰硕成就的强人，到不得不放开一切与生命道别的过程，让我第一次感到健康的不可掌控性，也重新省视自己的选择与真正的想要。那场医学院才成立十年就要举办的全院性的追思会，是我这一生第一次主办的大型活动，我几乎是倾全力并注入所有的情感让它画下完美的句点，那段时间内心复杂的情绪难以言喻。我开始更常问自己,我真的要不顾一切地去追求那些所谓的"成就"吗?还是我可以暂且不顾别人的"看不起",朝着全家及学生更主要的利益与发展前进?

Bubu: 我很同意。不能说别人对我们的人生意见是没有价值的,但的确没有一套意见可以被称为权威;人生中最深刻的切身问题,都是我们必须自行斟酌的。不过我很佩服你,对于别人给你类似的评论或压力时,你没有错乱自己的脚步,一直非常笃定,你是如何鼓励自己穿过困难的时刻?

月仁: 这些年来,放慢读学位的计划除了给家庭与孩子比较足够的照顾之外,我也辅导了相当多的学生。在大学,我们带领的学生正当人生重要的阶段,大一新生有适应的问题与需要的关怀,等他们到了高年级,面临选科或将进入实习的阶段时,需要的协助又不同。所以引导不同阶段的学生,又要兼顾持续性与个别差异,的确耗费我相当多时间。但我应该是一个容易满足的人,当学生寄来满满文字的卡片,当学生说我就像他们"在台南的妈妈"时,所有的付出就好像都值得了。所以每次遭遇挫折时,我会想想健康的小孩与照顾过的学生,找寻自我肯定的价值。另外我的研究与实验也都需要时间,所以不管怎么说,手上的时间是永远不够用的,实在也由不得我难过太久。

时间永远不够用,真的,我记得这几年来,月仁总在办公室待到很晚、很晚,孩子就跟着她在办公室做功课、读书。有一次晚上十一点多,我在家里找不到月仁,打电话到办公室,是孩子接的电话,说妈妈在另一头的实验室里。后来我才知道月仁的实验有时是没办法按着既定的时间来进行的,她必须随时配合实验的状况来调整时程。我常怀疑,她一天睡几个小时?

Bubu: 虽然跟你一样同为母亲,但是我因为是自己创业,如何调整工作进展的速度唯一要面对的只是竞争淘汰的恐惧，比较没有随着升迁制度而来的重大压力。我跟你一样选择放慢脚步，但那只不过是自己对成就的取舍。可是，我发现在你的工作领域之中，完全不是那么一回事。你不能选择停在某一个职等里，不能以当一个热心教学的讲师作为工作目标，对不对？在我看来，这才是真正的压力吧！

月仁：当然不能，新的大学法已规定新进教师几年内没有升等通过就得走人。我是够老了，适用旧的大学法，才能免除这条法规。但我很清楚要有自知之明，完成学位是退休前一定要做的事，除了遵循升等制度外，我也想证明自己不是没有能力完成博士学位并升任教授职。进成大到现在，这一路走来当然要面对很多压力与批评，如果用"被看不起"来形容，好像有些严重，不过当多数人都往同一条路走去，而我却做了不同的决定时，的确会成为不上进的实证，这就是学术体制里职业妇女真正的两难吧！

Bubu：不过在这两难里，你还是把带孩子跟当个好老师兼顾得很好啊！虽然博士学位会来得迟一点，但这更给有相同困难的母亲一份深刻的鼓励。

九月我应辅导室之邀回成大演讲时，文耀一听到我们是好朋友，就很兴奋地在信中说："Bubu姐，跟您透露一下，何老师曾经获选全校特优导师喔，我想她对学生的用心和您对孩子的用心是一样的。"对自己的孩子用心并不难，把学生当自己的孩子一样担忧就需要不同的信念与力量。你能得到这个荣誉对我来说一点都不意外，因为这十几年来，我目睹你带学生的热情，说真的，我觉得那些孩子们很幸运，你对他们的方式，就像我看到Abby、Pony在美国上大学，那些老师对他们非常细致的关心。比较特别的是，你的关心是买一送一呢！我看到李医师每次都热心参与。

月仁：这些学生都是未来的医生，这是相当专业的行业，要能真正达到辅导与协助，必须对他们学习与养成的过程充分了解。幸好我先生是医师，他的工作心得与成长经验对他们来说最实用，所以，通常我主要提供人生的历练及学习的方法，而临床的学习就交给李医师了。我们常常一起跟学生聚会，了解他们的需要，尽自己所能地给他们提供必要的协助。现在，有很多学生都已经结婚生子，也在自己的领域或工作场上有出色的表现，看到这一切，让人感到作为老师的安慰与喜悦。

Bubu：我曾经问Abby，在美国上大学这四年，她所认定的好老师有什么样的特质。她毫不犹豫地回答我说："能启发我思考方式的老师。"这让我想起你在获选为优良导师后的感言："一位好的导师应该走在学生的前面，引导他们建构基本的能力、寻找未来的方向。"你确实很爱学生与即将投身社会工作的青年，是因为你也曾经这样受到照顾与启发吗？还是觉得因为社会做得不够，所以要从自身做起？

月仁：接触学生多了之后，加上教养自己小孩的经验，我深刻相信身为"好"的老师，除了给学生鱼吃，更应该教他们如何钓鱼。启发学生的思考并找到自我学习的方法，才是他们一辈子受用的东西，也才是老师最应该做的事。现在的学生，聪明才智都比我们好太多，自我思考的能力才是他们能有无限发展空间的基础，尤其在知识暴增的年代。另外，多年辅导学生的经验让我看到成大有相当优质的学生，本质都很好，只是普遍成熟度、抗压性不够，连带的观念、态度与价值观有时容易混乱。所以老师除了专业的教授之外，分享人生的历练以及生涯的心得对他们会是更重要的帮助。同时，也由于体认自己成长过程的无知与彷徨，深感若自己有能力帮助学生而不伸出援手，有愧于心，因此如果知道学生有困难，不管是学业、感情以及生涯规划各方面，我都会想办法找机会辅导他们。或许成功的例子多了，更让我无法忽视我所看到的问题。

我们总以为，一个人能在生命或工作中义无反顾地前进，是因为没有退路。作为月仁的朋友二十三年，我一直知道别人口中的调侃或隐藏在讥讽里的那个医师太太的角色，的确可以是她的退路。但是，她的理性稳重与努力，使自己没有往极端去做选择。在五十岁的此刻，无论她的成就是不是足以使多数的人感到佩服，对我来说，一个女性要在妻子、母亲、老师与自己的求学之间不自疑惑地默默努力前进，这份精神已足够作为许多年轻朋友的榜样与安慰。

后记 ｜ 与工作建立美好的关系

在陆续修稿的几个月中，我渐渐有些野人献曝的胆怯与担心，因为，在许多人的眼中，我就像是一个"工作狂"；狂者，病也，跟我们说一个人有洁癖是一样的，原本没有错的事却被过度偏激的做法给弄糟了。我对于"努力工作、享受工作"的一片痴心，是否也会带给读者这样的印象？毕竟，关于工作的自省活动，并不是这个社会活跃的思维。

因为这些心境，第一部的几十篇稿子就从原本给孩子的书信、信中满是她们熟悉的工作环境与细节中改了又改，文字也越修越淡；到后来，我就只想留住观念的部分了，希望这些发生在我自己生活中的工作故事，能唤起大家与自己的工作之间那条美好的沟通管道。

我是无论走到任何地方都很容易在心里产生惊叹的人。我所生活、感知的这个世界，除了大自然的知惠之外，还由多少工作者不间断地供应着心力与汗水？

这一年，我移居三峡的一栋新大楼，住户都在陆续装修新屋，所以，每天离家去工作时，如果遇上进出的人多，我也会搭上准许运货的大电梯。有一次，刚好遇到搬运敲打废料、浑身灰土的一位先生。他不好意思地一再说抱歉，我看着那一推车的重物，真心激赏地告诉他说："没有你们就不会有漂亮的房子，我觉得你的工作很棒！"他惊讶地望着我笑，而我的心里真的没有一丝安慰的意味，我只是说出自己对他的尊重。那就像星期假日晾衣服时，从后阳台看到远处在鹰架走动巡工的人一样，风很大，他们危步其间，我的心中充满感动。

是这么多人成就了一个永不停息的世界，这总体的活动就是我眼中的"工作"。从小，帮父母做家事使我体会到自己可以对别人有所贡献，所以，长大后就绝不想成为他人的负担。然而，我们不是独自活在孤岛里的人，要在每个方面都不成为他人的负担是不可能的，于是就在自己的工作中，以尽心尽力的投入，来感谢这个互相效力的社会。

这本书就是在这种心情下慢慢完稿的。